T0024661

STRESS LESS WORD SEARCH™

PEACEFUL PUZZLES

100 WORD SEARCH PUZZLES FOR FUN AND RELAXATION

Charles Timmerman, Founder of Funster.com

Adams Media
New York London Toronto Sydney New Delhi

Dedication

Dedicated to my family.

Adams Media
An Imprint of Simon & Schuster, Inc.
57 Littlefield Street
Avon, Massachusetts 02322
Copyright © 2017 by Simon & Schuster, Inc.

All rights reserved, including the right to reproduce this book or portions thereof in any form whatsoever. For information address Adams Media Subsidiary Rights Department, 1230 Avenue of the Americas, New York, NY 10020.

Stress Less Word Search™ is a trademark of Simon & Schuster, Inc.

ADAMS MEDIA and colophon are trademarks of Simon and Schuster.

For information about special discounts for bulk purchases, please contact Simon & Schuster Special Sales at 1-866-506-1949 or business@simonandschuster.com.

The Simon & Schuster Speakers Bureau can bring authors to your live event. For more information or to book an event contact the Simon & Schuster Speakers Bureau at 1-866-248-3049 or visit our website at www.simonspeakers.com.

Manufactured in the United States of America

3 2021

Library of Congress Cataloging-in-Publication Data has been applied for.

ISBN 978-1-5072-0020-9

This book is intended as general information only, and should not be used to diagnose or treat any health condition. In light of the complex, individual, and specific nature of health problems, this book is not intended to replace professional medical advice. The ideas, procedures, and suggestions in this book are intended to supplement, not replace, the advice of a trained medical professional. Consult your physician before adopting any of the suggestions in this book, as well as about any condition that may require diagnosis or medical attention. The author and publisher disclaim any liability arising directly or indirectly from the use of this book.

Many of the designations used by manufacturers and sellers to distinguish their products are claimed as trademarks. Where those designations appear in this book and Simon & Schuster, Inc., was aware of a trademark claim, the designations have been printed with initial capital letters.

Contains material adapted from *The Everything® Giant Book of Word Searches* by Charles Timmerman, copyright © 2008 by Simon & Schuster, Inc., ISBN 978-1-59869-536-6; *The Everything® Giant Book of Word Searches, Volume 2* by Charles Timmerman, copyright © 2010 by Simon & Schuster, Inc., ISBN 978-1-4405-0001-5; *The Everything® Giant Book of Word Searches, Volume 3* by Charles Timmerman, copyright © 2010 by Simon & Schuster, Inc., ISBN 978-1-4405-0033-6; *The Everything® Giant Book of Word Searches, Volume 4* by Charles Timmerman, copyright © 2010 by Simon & Schuster, Inc., ISBN 978-1-4405-0610-9; and *The Everything® Giant Book of Word Searches, Volume 5* by Charles Timmerman, copyright © 2012 by Simon & Schuster, Inc., ISBN 978-1-4405-4561-0.

ACKNOWLEDGMENTS

I would like to thank each and every one of the more than half a million people who have visited my website, Funster.com, to play word games and puzzles. You have shown me how much fun puzzles can be and how addictive they can become!

It is a pleasure to acknowledge the folks at Adams Media who made this book possible. I particularly want to thank my editor, Lisa Laing, for so skillfully managing the many projects we have worked on together.

CONTENTS

Introduction • 7

Puzzles • 9

Answers • 111

Introduction

THE PUZZLES IN THIS book are in the traditional word search format. Words in the list are hidden in the puzzle in any direction: up, down, forward, backward, or diagonal. The words are always found in a straight line, and letters are never skipped. Words can overlap. For example, the two letters at the end of the word "MAST" could be used as the start of the word "STERN." Only uppercase letters are used, and any spaces in an entry are removed. For example, "TROPICAL FISH" would be found in the puzzle as "TROPICALFISH." Apostrophes and hyphens are also omitted in the puzzles. Draw a circle around each word you find. Then cross the word off the list so you will always know which words remain to be found.

A favorite strategy is to look for the first letter in a word, then see if the second letter is one of the neighboring letters, and so on until the word is found. Or instead of searching for the first letter in a word, it is sometimes easier to look for letters that stand out, like *Q*, *U*, *X*, and *Z*. Double letters in a word will also stand out and be easier to find. Another strategy is to simply scan each row, column, and diagonal looking for any words.

PUZZLES

New Age

H X M C Y Z O D I A C O S M I C Y R W L
C Q W E S A E D I L Y U F S K G T B O A
W H Z T F Z A Z A V I W S V X N L U Q H
V B B S R W Z I O R D R U M M I N G V U
F Y S L N A T R A N S F O R M N F S B K
M E T I P N D U S P I R I T U A L A A K
Y C N I E M Q I J W A C G T T E O R H Y
S G P T C A M S T H E H I N J M M K S X
N E O Q G I S Y V I L A L E C A S A U Y
F P C L P R N C T N O N E M O N E H P F
L Z B I O I O O C H X N R E M C C C C G
L S B H T R I I R Y O E S V M I C I P J
A B N S K C T T E H H L Y O U O T U K N
Z T E D D S A S I E C I O M N C D S L B
G D P L I L M R A T H N M G E S G S B T
C O P L I V R L P Y M G Y L Y J R X I X
H X O X O E I O A E P O C S O R O H Z W
D H U M A N F N W S L E G N A A W U M Q
Z T W L G T F S E L B L X E R U T A N E
J E R A M D A S S E L F F E G Z H C U P

AFFIRMATIONS
ANGELS
AQUARIUS
ASTROLOGY
BELIEFS
CHAKRAS
CHANNELING
COMMUNE
COSMIC
DAWNING
DESTINY
DIVINE
DRUMMING
ECLECTIC
ERA
GROWTH
HEALING
HOLISTIC
HOROSCOPE
HUMAN
IDEAS
KARMA
MEANING
MOVEMENT
MYTHOLOGY
NATURE
OCCULT
PHENOMENON
POTENTIAL
PRACTICES
RAM DASS
RELIGIOUS
SELF
SPIRITUAL
SYNCHRONICITY
TRADITIONS
TRANSFORM
WISDOM
WORLD
ZODIAC

Solution on page 112

Mozart

L M A R R I A G E O F F I G A R O Q N C
T E A N C O N S T A N Z E U O L U I P R
P I C N N R S N U C O A P V C A L I E T
E U A I O E V P L C T O R I R O E L R U
O Q F T S S I A F F E S S T I J D S F A
R E Q X A U V V C H S U E V S N N E O B
R R V E M I M H I W M T M H G E A R R T
N D O A E A P L G L Q Z B H R X H O M B
O F A R E I C H A M B E R M U S I C E J
H A L L R R S C M R E Q I A B G N S R M
F E I Y F T I K E T O D Y T Z S N S K O
L J R D S S A M H I S H G A L T A U E V
S G E E S U N O T A Y C C N A R V E D E
P R I A T A V A R Y M F R O S E O D A M
Q I L T P E H E E S P M U S I C I A N E
T C A H N Y P C U P H C A B I N G M E N
Z W S N F O C O M P O S I T I O N A R T
I M M D O A M F O P N R A Q M C O A E F
Z B Q P R A G U E K Y K U Y F V D W S A
Z B S F F A D M S Z S Z G E N I U S Q V

AMADEUS
AUSTRIA
BACH
BEETHOVEN
CHAMBER MUSIC
CHORAL MUSIC
CLASSICAL MUSIC
CLAVIER
COMPOSITION
CONCERTS
CONSTANZE
DON GIOVANNI
EARLY DEATH
EUROPEAN
FAMOUS
FREEMASON
GENIUS
HALL
HANDEL
MARRIAGE OF FIGARO
MASS
MOVEMENT
MUSICIAN
NOTES
OPERAS
ORCHESTRA
PERFORMER
PIANO
PRAGUE
QUARTET
REQUIEM
SALIERI
SALZBURG
SCORES
SERENADE
SONATA
SYMPHONY
THE MAGIC FLUTE
VIENNA
VIOLIN

Solution on page 112

Hugs

E R U T L U C I L B U P P F F S M W G J
S M R A C C N N C M M P B T G H Y V S X
S A K L L A U S N E S X W B W W I I Y F
E J I G E S T U R E T O G E T H E R M G
L A S R E V I N U M R E U N I T E D N E
D T S S S U P P O R T Q B D I P F X Z L
R P N W E A F F E C T I O N A T E E R R
O E I G N N R E C I P R O C A T E D A C
W U I H G O I Y X E E I R F G U O E U H
C A K I S L I P L R T X N C Q O B D R T
E I R M O N N T P A M E P S H F D F R G
I T R O F M O C C A N I V R W L Y R E N
G N V T U I R I C A H O E O E I Z A A E
T N T H F N N N T S R H I A L S H I C L
C S I I K U D N D A T T U T C F S L T H
G L A G M C O N S O L A T I O N I I I A
I R H M N A E R R Q N E T A M M R M O W
L J O Y X I C B R I E F R G E K E A N N
O C L U R F L Y H T A P M Y S S H F L Q
X I D F P L A C I S Y H P T O U C H P C

AFFECTIONATE
ARMS
AROUND
ATTRACTION
BEAR
BRIEF
BROTHERHOOD
CHERISH
CLINGING
COMFORT
COMMUNICATION
CONSOLATION
CONTACT
CUDDLE
CULTURE
EMOTIONAL
EXPRESSION
FAMILIAR
FRIENDSHIP
GESTURE
GREETING
GROUP
HAPPINESS
HOLD
INTIMACY
JOY
KISS
LENGTH
LOVE
PHYSICAL
PUBLIC
REACTION
RECIPROCATED
RELATIONSHIP
REUNITED
SENSUAL
SQUEEZE
SUPPORT
SYMPATHY
TOGETHER
TOUCH
TWO
UNIVERSAL
WELCOME
WORDLESS

Solution on page 112

Hummingbird

K D D L E R F L I G H T E T C H Q S O J
J S N N E U G N O T Z N E C T A R Y T F
B J U X P M S B X J J Z H O N E Y L R N
I G N I R E V O H K M D O T D Q D J O W
Q V V G C T R O P I C A L E T P E R C B
D P K T A A S C D W A T E R H N T O H M
M L S T O B S M H M R F J O J H A J I I
J J K N F O L V W I D D T I A D O U L W
G G N I Y L F F T R N O S M G T R O I H
I J G I L I Y L I X G G E M Z S H R D I
G N I R P S Q B O R N R L I U S T T A I
I C G A G M G R A W I N L G Q A Y R E D
D K F N E N O P J C E M A R O G B R N E
R I I I I G H M A S K R M A C Z U H E B
T W P M C D G M T F Z W S T Q J R H R F
V G M A G C U S P W S B A O F J A Y G T
D U Q L R X Z F E A T H E R S I G W Y T
H Z G X O H P U H G A R F Y D A W G T J
H C E T M R F O E S E I C E P S O S L J
S S J B U H N S E E B I L L S C A Z L S

ANIMAL
BEATS
BEES
BILLS
EGGS
ENERGY
FEATHERS
FLIGHT
FLOWERS
FLY BACKWARDS
FLYING
HONEY
HOVERING
HUMMINGBIRD FEEDERS
INSECTS
METABOLISM
MIGRATORY
NECTAR
NESTS
NORTH AMERICA
PERCHING
PHOTOGRAPH
RAPID
RED
RUBY-THROATED
SMALLEST
SPECIES
SPRING
SUGAR
SWIFT
TONGUE
TROCHILIDAE
TROPICAL
WATER
WINGS

Solution on page 112

Mountains

C M O U N T O L Y M P U S E D N A D R L
A O P R N S H I S H A P A N G M A O O L
U U G L A C I E R P E A K A M Q Y O C O
C N A W D J S C N A L B T N O M N H K G
A T N A S H N M T E M A K G U T E T I A
S T N G M H A A O B A L K A N S K N E N
U E A N O I I U M U Y P F P T E T U S R
S R P U U M H N L I N S I A W R N O A O
E R U J N A C S D A L T K R A E U M D H
D O R N T L A H S U G I R B S V O L A R
A R N E G A L A O A K I K A H E M H V E
C U A H O Y A S S O L U R T I T N O E T
S L C C O A P T V V Y I S I N N J T N T
A S O G D S P A W J Y U A H G U I S A A
C A N N S M A R O K A R A K T O O E R M
T N C A I B M U L O C T N U O M R M R F
T A A K R M O U N T M C K I N L E Y E T
B M G A R A R A T N O S R E F F E J I D
I J U F T N U O M O U N T E R E B U S H
X M A P E N N I N E S T H E L E N S R G

ACONCAGUA
ALPS
ANDES
ANNAPURNA
APENNINES
APPALACHIANS
ARARAT
BALKANS
CASCADES
CAUCASUS
CHO OYU
DHAULAGIRI
GLACIER PEAK
HIMALAYAS
HINDU KUSH
JEFFERSON
KAILAS
KAMET
KANGCHENJUNGA
KARAKORAM
LHOTSE
LOGAN
MANASLU
MATTERHORN
MONT BLANC
MOUNT COLUMBIA
MOUNT EREBUS
MOUNT EVEREST
MOUNT FUJI
MOUNT GOODSIR
MOUNT HOOD
MOUNT KENYA
MOUNT KILIMANJARO
MOUNT MCKINLEY
MOUNT OLYMPUS
MOUNT RAINIER
MOUNT TERROR
MOUNT WASHINGTON
NANGA PARBAT
ROCKIES
SHASTA
SHISHAPANGMA
SIERRA NEVADA
ST. HELENS

Solution on page 112

Nobel Peace Prize

P M A C K O U E Q I P V X N R K G G C D
A E S N O I T U B I R T N O C H O N O R
L U E W U N S Y A H I E N Y N R Y D O H
E U R K Z T T S H M T C T E B V S P B T
D A E B P I U R I Z A S G A I M E D A L
N D T X B U J T O N I L C B E P A N M U
A I R E T I R C D V G H I A A R I Y A A
M P E Z J S I I I N E E D A L P U C P N
D L H C P A D T H V O R R C L G K A E E
C O T H X A C K B F A M S H N A O Y L R
K M O X T A J Q R B N S S I A L D R T X
E A M E L E S E I W E I L E E L E P E I
H N S V D D D N G L A U A V D S F E M K
Y N U E P C N E E Z A Q C E R E T R A C
T U W G R R T C F P C O M M I T T E E F
A A H O C W T A S Y N O M E R E C S B D
H L S G M I S U R C N A N N A I F O K R
O S L O O U N D E P O L I T I C A L Z E
E U J N O I H R S G R O O S E V E L T J
S F V Y L W T A F A R A W E Z M Z O P V

ACHIEVEMENTS
ACTIVIST
AL GORE
ALFRED
ANNUAL
ARAFAT
CANDIDATES
CARTER
CEREMONY
COMMITTEE
CONCERT
CONTRIBUTIONS
CONTROVERSIES
CRITERIA
DALAI LAMA
DESMOND TUTU
DIPLOMA
ELIE WIESEL
GORBACHEV
HONOR
KISSINGER
KOFI ANNAN
LAUREATE
LINUS PAULING
MANDELA
MEDAL
MOTHER TERESA
OBAMA
OSLO
PERES
POLITICAL
RABIN
RECIPIENT
RED CROSS
RENAULT
ROOSEVELT
SELECTION
YOUSAFZAI

Solution on page 112

Stamp Collecting

C E V I S N E P X E E C I F F O T S O P
K O R S E P O L E V N E P M X X S E X D
E R V F D T M S K R A M R E T A W Z E P
D H A E A F N A C I R E M A L G C A H D
L I A M R I A U T E I U J G R I L I P N
F S S O T S A I W S B D G H N E L P Z O
K T P N Q S S P N L E N I T R A J A Z I
C O M M E M O R A T I V E S T A M P S T
A R A B S Y H P E Y E R I E P V N E N A
L I T O L K M I F Z N R L T A L I R P N
B C S O O A C I K A E I E L I H A O C I
Y A E K T S N O T O C E U S I N P Y O M
N L G S I G O I L S K A W N T U I E L O
N S A N A B O D O B B R G T L I O F L N
E G T M K N K C O L B E T A L P N E E E
P N S C A G I S E M S T R J J K A G C D
N O O L P E R F O R A T I O N T I U T Z
R T P M T M A N Y U T E D R A C T S O P
S F R Y B E E M I Y M L T C O U N T R Y
Z M F L E Y P F T S W O H S T E E H S N

AIRMAIL
AMERICAN
BLOCKS
BOOKS
COLLECTORS
COMMEMORATIVE STAMPS
COUNTRY
COVERS
DEALERS
DEFINITIVE STAMPS
DENOMINATION
DISNEY
DISPLAY
ENVELOPES
EXPENSIVE
HINGES
HISTORICAL
INTERESTING
INTERNATIONAL
LETTER
MAGNIFYING GLASS
MANY
MONEY
OLD
PAPER
PENNY BLACK
PERFORATION
PHILATELIC SOCIETY
PLATE BLOCK
POPULAR
POST CARD
POST OFFICE
POSTAGE STAMPS
POSTMARK
RARE
SHEETS
SHOWS
STAMP ALBUM
STOCKBOOK
TONGS
TRADE
TWEEZERS
VALUABLE
WATERMARKS

Solution on page 113

Stars

W O H S K Y F S J V J Y P F F P B E S I
O H C E H T P Z L U P R M J Q U L Y F H
L M E O B S E R V A T O R Y U Y U F B D
L P L A N E T S I R I U S P A C E B R G
E T S Q T S P G A L A X Y A W Y K L I M
Y Q Y P N C T E L E S C O P E D Q A G U
E T A V O N R E P U S H A P E L B C H I
Q L I F K S S O L A R S Y S T E M K T L
N O I S U F R A E L C U N O M R E H T E
J A E Y O F M A S D A E D Q A N O O M H
Z B V T O N G A E T N T L F O W H L G U
W H G I W V I T S Y R A I E Y G R E N E
C Y V V G E N M P S T O Q O S H T R O N
L D L A N A T S U L I H L Z N T K N I T
N R U R I I T H P L A V G O G S I C S H
T O C G N U N I V E R S E I G L E A O P
I G D A R K V N O L U H M D L Y X T L R
B E X V U Z Y I Z N O I T A I D A R P K
R N O N B M U N I G H T I X X Z C X X T
O X W M N M V G M X R U F R A W D D E R

ASTROLOGY
BLACK HOLE
BLUE
BRIGHT
BURNING
CELESTIAL
CONSTELLATIONS
DARK
ENERGY
EXPLOSION
FAR
GALAXY
GRAVITY
HEAT
HELIUM
HOT
HYDROGEN
LIGHT YEARS
LUMINOSITY
MASSIVE
MILKY WAY
MOON
NAVIGATION
NIGHT
NORTH
OBSERVATORY
ORBIT
PLANETS
PLASMA
RADIATION
RED DWARF
RED GIANT
ROCK
SHAPE
SHINING
SHOW
SIRIUS
SKY
SOLAR SYSTEM
SPACE
SUPERNOVA
TELESCOPE
THERMONU-
CLEAR FUSION
UNIVERSE
YELLOW

Solution on page 113

Museums

B J O B C U R A T O R S T C E J B O Y G
U S C H I L D R E N E W Y O R K W U Z P
I C C O N S E R V E C N E I C S J N N R
L I X L E A R N I N G K N O W L E D G E
D M R E S E A R C H Q G I F T S H O P Y
I A P U B L I C V Y G O L O E A H C R A
N R R I W I N T E R E S T I N G D U V D
G E X H I B I T I O N S F R G P R M U M
S C E M Z R N O I T I S I U Q C A E S I
Z N O I T U T I T S N I M O S E U N Y S
G E C O L L E C T I O N S T X L G T A S
A I R D D S M I T H S O N I A N D S L I
L R C M U E S U M L A N O I T A N Y P O
L E T P E O P L E A R T M U S E U M S N
E P E I H I S T O R I C A L L A U S I V
R X R Q F R G E R U T P L U C S L M D U
I E V Q R A Q A R T C O L L E C T I O N
E R U T L U C D L A N O I T A C U D E T
S A O P A I N T I N G S T E N I B A C S
A R L U D I N O S A U R S R O T I S I V

ACQUISITION
ADMISSION
ARCHAEOLOGY
ART COLLECTION
ART MUSEUMS
ARTIFACTS
BUILDING
CABINETS
CERAMICS
CHILDREN
COLLECTIONS
CONSERVE
CULTURE
CURATORS
DINOSAURS
DISPLAYS
DOCUMENTS
EDUCATIONAL
EXHIBITIONS
EXPERIENCE
GALLERIES
GIFT SHOP
GUARD
HISTORICAL
INSTITUTION
INTERESTING
KNOWLEDGE
LEARNING
LOUVRE
NATIONAL MUSEUM
NATURAL HISTORY
NEW YORK
OBJECTS
PAINTINGS
PEOPLE
PUBLIC
RARE
RESEARCH
SCIENCE
SCULPTURE
SMITHSONIAN
TOUR
TREASURES
VISITORS
VISUAL

Solution on page 113

Have Some Champagne

V L U P Y Q U A L I T Y Z I R M E L E C
W A A S D H J Z E G N I T S A T S B Y P
B U B B L Y R A S R E V I N N A O D J S
C W I N E O E A P X M Q F A H C R A X H
B S J A N L J I L P R K R L G K L W S Q
W I L N N H N W Y C E T A R B E L E C T
G N T W L K C G C H F L O V E U B B A H
N S H A W E Y C N A L B L O H O C L A R
F E Y V L E X C A R B O N A T I O N N E
X P K L C Y D P F D S J B R T L P H X D
D A A S B A H D E O G K S V A I R S F Q
D R J U R M G V I N U J Q T A S O M I M
O G D I U Q I L I N S T S E S R D N N Z
G X U Y T T J Y D A G I T C L Q U V D Z
P N B C S F A R E Y R I V H F T C R J X
K Q Z E E R Q U M C H Y F E H E T C B M
E Q F N P T R X Y W I P U E M E I O N J
W H I S O F U U R T B D D R Y W O R B A
J F F D P S T L A G T I P S Y S N K O H
V U T G C S A T F V L I A P B E H A J W

AGE
ALCOHOL
ANNIVERSARY
APPELLATION
BLANC
BOTTLE
BRUT
BUBBLY
CARBONATION
CELEBRATE
CELLAR
CHARDONNAY
CHEERS
CLEAR
CORK
CRISTAL
DRY
EXPENSIVE
FANCY
FERMENT
FESTIVE
FINE
FLUTE
GRAPES
ICE
ITALY
LABEL
LIQUID
LOVE
LUXURY
MIMOSA
PINK
POP
PRODUCTION
QUALITY
RED
ROSE
SPRAYING
SWEET
TASTING
TIPSY
TOAST
WEDDING
WHITE
WINE

Solution on page 113

TV Night

U F M O M U O E S G O D A F U U S X C O
W M B W R W P A U P E Y F N P N W B N T
I Z Z J I S E E P O X M F A E C L V D Q
N H U W B W S P I H C M X Y H W U O U O
T R A W E T S Q X H J O X G K O W S O T
E F B E S I A Z A G F J P T X J R T C M
R B R X N S Y D E M O C L I V E H R Q S
V A Y S L O E V A R I E T Y T G Y N O E
I R E R U N L C C O Y D X S I M O W F R
E N F Z D C N L L R N M N N K S F T T I
W M F K O E Y E A O P O R I U R L S F E
S R U O W O Y T S F M E M G G E O L W S
W H I S M T N R S L V M R H T H F O X G
A O U O I E A S I O E E J T M C T C O V
U S V H M C R K C L F N E L T G O S C A
X I M U C S D C S N Q R O I T P S N D U
E D C T K U A X I H M E C N E I D U A D
C O P I N I O N G A O J U E P E L N G N
D B T U D P U C N T L W L B B T K L A T
F S Z Z L Q V B Z H E S S Q P R O U O B

ADULT
AUDIENCE
BAND
BED
CARSON
CHIPS
CLASSICS
COMEDY
CONAN
COUCH
DOCUMENTARY
FALLON
FERGUSON
GOSSIP
GUESTS
HORROR
HOST
INFOMERCIAL
INTERVIEWS
KIMMEL
LENO
LETTERMAN
LIVE
MIDNIGHT
MONSTERS
MOVIE
MUSIC
NEWS
NIGHTLINE
OPINION
OVERNIGHT
RERUN
SERIES
SHOWS
SKITS
SLEEP
SNOOZE
STEWART
TALK
VARIETY

Solution on page 113

Origami

C W C J N J F U K U H K I U M E R L Z E
Y Q B I K H D Y J C Z K Q I L E J R K D
L S E Q Y N V G U D W D I A G R A M S C
G E O M E T R I C F O L D S A F U N N S
X R L J P A P E R F O L D I N G O T D L
O A P C A J E X T N H M L Z T I A H I E
S U V R P S N X C T T B X I T D U H S D
R Q D A E E T R K C A V Z C K G V N P O
O S D N R B U R Q A J P U X H S B L L M
L H I E C H U V H E M R E P C R P S A F
O H V S R U N F T R T I H S O N W T Y F
C R D P A T R A E S E N A P A J H W N T
P W O M N U C S N O I T A L L E S S E T
B A S B E I P I S Y R G I A M J R C R J
R O T S R L A N O I T I D A R T H C D D
M L X T K P G H E R R W T T W N V P L W
F D N E E I Z A M U T I A K I G D X I Z
H I R T S R F N S U C K Q Q B R T Q H N
P C F E M B N D P S X W U S T F A R C T
B E D J U S U S X M X E W J H X R Q R A

BOXES
CHILDREN
CHINESE
COLORS
CRAFTS
CRANES
CREASE PATTERN
DESIGNS
DIAGRAMS
DISPLAY
FUN
GEOMETRIC FOLDS
HANDS
INSTRUCTIONS
INTRICATE
JAPANESE ART
KAMI
MATHEMATICS
MODELS
NOSHI
PAPER CRANE
PAPER FOLDING
PATTERNS
SKILL
SQUARES
TECHNIQUE
TESSELLATIONS
TRADITIONAL

Solution on page 113

Cooking Fundamentals

H A Y E K W E R C S K R O C W M B Q T L
S T J J L T F Z H H E R B S K L I M J V
M V Y R A J O O A T C X V L M B I E T S
R A B L Z D R S T D O I L T B X N T O S
D E P V R T K U B O W L L O E Q K D W E
R L D A E C B I Y M M I C R O W A V E C
A S L N U Z F J B H E W O H A M N K L I
O V I I A E F F F W I S M G S G N S R P
B N P L U L G R A T E R S N N I T E E S
G C K L H T O R B M I E A N S O D P L T
N V F A H T G C A V U E X R A N P I E O
I C E Y N E N R W Z B S I S E E O E E C
T U M B M K Y Q T A T C T L R M B F P K
T E M T T Z S S S T E E B A M O I A H Z
U J U K S Z L G L S R E O V R N Y T G D
C N E V O E R A G U S H O B K D D J S F
X T O S U P S N O E H D W V F M A Q P O
Q D R C P X O L P Z A P X X K L X L C A
H W D M T T F T I M W Z N P Q Q A W W P
B E V G J P R R Y R Q S M C F M D I S B

BEANS
BLENDER
BOWL
BROTH
BUTTER
COLANDER
CORKSCREW
CUTTING BOARD
DISHCLOTH
EGGS
FLOUR
FORK
GARLIC
GRATER
HERBS
KETTLE
KNIFE
LARD
MICROWAVE
MILK
MIXER
MUSTARD
NUTMEG
OIL
OVEN
PEELER
PEPPER
PLATE
POT
RICE
ROSEMARY
SALT
SHORTENING
SINK
SODA
SOUP
SPICES
STOCK
SUGAR
THYME
TIMER
TOASTER
TONGS
TOWEL
VANILLA

Solution on page 114

Boating

H U N Q E M P C A K U M W M J K J R C M
G L X Z G I C S N X Y G C Q R V S S E M
O G V G Z H G E C A O Y P R U D D E R A
I G T T U C A N H T R E B Y S E L A H W
Y N N T S P E O O B F N R Y F S J G Q Q
U D W K N A P C R O O C Y F Y N N U I I
D N T J O D M A W A T E R R I I R L I C
N N O X N D G E I K P N E E E H E L C W
M C W I J L C B E R B I O E W P K S A E
Z C B D H E M O T O R A S P E L C K N L
J A S C I S G M A R T T E L W O B I A A
C A E Y R K U X A H H P R A S D G P L G
V W X I K A F C W G V A A N B N H P H N
W X U S R U O T I T A C L K E O C E A N
M D Z A F U F S F X T L F E S I U R C V
Y F P O R T Y I N A U S L T R Q Y D A U
N L R S H A R K S H Y R E E H P E N C Z
P K E F H D T O W H N R V V Y C M O H F
L O B A M M Q B R O N I L A K E A U L F
Y W W R G R G Q A B R I G O B U O Y Y N

AFT
ANCHOR
BEACON
BERTH
BOW
BRIG
BUOY
CABIN
CANAL
CAPTAIN
CARRIER
COURSE
CREW
CRUISE
CUSHION
DECK
DOLPHINS
ENGINE
FISH
FLARES
GALLEY
HULL
LAKE
MAST
MESS
MOTOR
OAR
OCEAN
PADDLES
PLANK
PONTOON
PORT
RIVER
ROW
RUDDER
SEAGULLS
SHARKS
SIGHTSEEING
SKIPPER
STERN
TOUR
VEST
WATER
WHALES
YACHT

Solution on page 114

Take a Picture

L P F Q S L Q Q F P W C O N C E R T Q F
P R G C N U D Z C O L O R E U N I O N R
N I E P B C F X X R R E S A C A M E R A
P N C U S P F O I C N E M D R Y B Y M M
E T B T E Z I N L G L A Q T N Y O M Y E
Z P E M U X L Q A F R T R A V E L L D D
O P F B F R M G I O M O L Y M P I C S V
D A O Q T U E E N Y P A U C D M E R O M
C G U L B M U A X T O H S P A N S T F O
M Q L L E H P I L L J S T F P X L I S Y
R R A N G V H I S W Y F L A S H O S A N
A A T O A V E C L A S S P H O T O D Z Y
X C I I M E Y D D W M E G J O B H T Y N
B H G T I S T I O E F T A B A T C A O G
N H I A R T L D M I L P S P R D S I W N
H F D C B O A O L I G H T I N G T P G I
N L K A H H R D A X O I B I R C R E W D
S I D V S I L L I B S P D M A H A S I D
S M I L E I P R B M F L A N D S C A P E
W I U S W B U Y X B X W K I B Z Z J X W

ACTION
ALBUM
ART
BAPTISM
BIRTHDAY
CAMERA
CHRISTMAS
CLASS PHOTO
COLOR
CONCERT
CROP
DEVELOP
DIGITAL
ENGAGEMENT
FAMILY
FILM
FLASH
FRAMED
FRIENDS
GROUP PHOTO
HOBBY
HOLIDAYS
IMAGE
LANDSCAPE
LIGHTING
MEMORIES
OLYMPICS
PANORAMA
PETS
PICTURE
PORTRAIT
PRINT
REUNION
SCENE
SCHOOL
SELFIE
SEPIA
SHADOWS
SIT
SMILE
SNAPSHOT
TRAVEL
VACATION
WEDDING
WILDLIFE

Solution on page 114

Snowed In

U V X C J E C Q U Z D B C V Y R Z W H A
M V C V F S C E E L L A B W O N S E B E
H S A G A M E S O A P N U D O L N A V T
K L F T N U F C F O A B T N E D U T S L
H K W D R I F T S S H T W G O S P H S Q
Y F W G O R D L L X D A N F N D S E L Z
O H L S M L C R L S N A P E M I Q R E L
W R U Z G B U N A U W L N P M K W O D D
L S T S W R D E S O L C M G Y E E O C D
Q N R H G L F C N D B M D J E R L T L S
L O G O W C H S W R H W H V S R R C M P
M W R V S O M P Z A E D O O F O O U N H
C F U E O N L G Y Z R U T N F Z N U L I
H A D L L D S E K A L F C W S A N P S F
L L N S D A O R Z H R F O P M T S E R U
Z L K C W H X Z E E K N C W L H O M E H
Y Y V A E H I X E A S C O P K C A R E K
Y Y S Q D L W Z A O D N A L Q I Y O M Y
F X U F B M E V K E S T F A R C K H Q Y
G S Z K C M F D E Q W R D Y H E F S Q T

BLIZZARD
CANCELED
CLOSED
COLD
CRAFTS
DANGEROUS
DEEP
DRIFTS
FLAKES
FLURRY
FREEZE
FUN
GAMES
HAPPY
HAZARDOUS
HEAVY
HOME
HOT COCOA
ICE
INCLEMENT
KIDS
PLAY
PLOWING
READ
RELAX
REST
ROADS
SCHOOL
SHOVEL
SKI
SLED
SNOW ANGELS
SNOW FORT
SNOWBALL
SNOWBOARDING
SNOWFALL
SNOWMAN
STORM
STUDENT
WEATHER

Solution on page 114

Yummy Ice Cream

F Q Q H L I C K O D M R W N S C O C P P
R Q O T C F C A K E D L A E I M H S Q S
A B F F U A C T N E E U Q Y R I A D A Z
T A A D N Z H T T I L P S A N A N A B H
B K G S D H U S P P B M J S J G D I S H
P E O K K C R T R U G O Y N E Z O R F O
T D A L L I N A V C P H Z M X U F Y L K
J A S W I W N A T I L O P A E N L P O J
Y L Y O M D F R O Z E N D E S S E R T N
B A R B E N P H O F D P B U T F M O A Y
O S U I L A M T E B R E H S R R A D L M
B K P T R S V O B S B U J E A E R U E B
D A O L A W M O N J U I I M W E A C G P
W R O D N E V M B L X M N T B Z C T G B
J R C L O E R S E N O C M S E E I W Z T
D T S O O T S T U N C C H E R R I E S A
W I T C P B S R T E B R O S R O V A L F
I I R L S I F T O A U J M G Y M A E R C
H T G F I R K M W C P Z A X U G M H T S
T K I M B C Y E S X L Z R K I U A T C N

BAKED ALASKA
BANANA SPLIT
BASKIN-ROBBINS
BOWL
CAKE
CARAMEL
CHERRIES
CHURN
COLD
CONES
CREAMY
CUP
DAIRY PRODUCT
DAIRY QUEEN
DISH
FAT
FLAVORS
FREEZER
FROZEN DESSERT
FROZEN YOGURT
FRUIT
FUDGE
GELATO
LICK
MILK
NEAPOLITAN
NUTS
PARLOR
PIE
SANDWICH
SCOOP
SHERBET
SMOOTH
SNACK
SORBET
SPOON
STRAWBERRY
SUMMER
SWEET
SYRUP
TREAT
TUB
VANILLA
VENDOR

Solution on page 114

Niagara Falls

C M A I D O F T H E M I S T H G I E H H
Q T S T U N T N Y Q G L A C I E R S T I
M N N L Z B R I D A L V E I L F A L L S
W I O E L Q B A R R E L G O A N M L A T
V O W I M A A G O S P O I E N O E A N O
C P D G T P F A E X R Y B C A O R F D R
I T N R O C R R L G T O Q N C M I E M Y
A C A E R C A A E I A V B I D Y C O A O
Q E L A O G E R C T Z I O V N E A H R N
Q P S T N O I I T S A E R O A N N S K I
U S I L T A R V R T E W D R L O F E U S
R O A A O T E E I B A A E P L H A S L A
A R N K C I E R C U T T R N E V L R I C
L P U E E S K L P F I Y S A W X L O G E
U U L S R L A R O F S T K I G O S H H G
P E K Y U A L V W A I N R D R A L U T N
O I R A T N O E E L V N M A D U I F S U
P P A J A D T K R O Y W E N V V O N V L
H U P G N U N I T E D S T A T E S T N P
S S E G M E N T E D B L O C K M L G E B

AMERICAN FALLS
BARREL
BOAT
BORDER
BRIDAL VEIL FALLS
BUFFALO
CANADIAN PROVINCE
CASINO
DAM
ELECTRICITY
FLOW
GLACIERS
GOAT ISLAND
GORGE
GREAT LAKES
HEIGHT
HISTORY
HONEYMOON
HORSESHOE FALLS
HYDROELECTRIC POWER
LAKE ERIE
LANDMARK
LIGHTS
LUNA ISLAND
MAID OF THE MIST
NATURE
NEW YORK
NIAGARA ESCARPMENT
NIAGARA RIVER
ONTARIO
PARK
PLUNGE
POPULAR
PROSPECT POINT
SEGMENTED BLOCK
STUNT
TORONTO
TOURIST ATTRACTION
TRAVEL
UNITED STATES
USA
VIEW
VISIT
WATERFALLS
WELLAND CANAL

Solution on page 114

Bakeries

V R F W H B U Y R D O Z E N F J K C E E
K V X O L Q D S X E L I D P L J T W R Z
J W K I N S I T P Z K D S Q O R N E V O
J C U G N I C I W O O A X A U K X Q G O
G E N U L L W U O U S W B F R I W B G W
E T B Q D G E C E G D U F K M E C I T A
F G S G M G X S R F P L L T H S R H R O
J S T N E M P I U Q E I N W O R B T E A
K H M N V L T B E E M B E S C O N E A W
F F U F A S N E B S R A G U S V V U T D
A S G C J S F O C T B T M D D A N I S H
R J A P E F S R E M O T S U C L I M Z I
Z K P N O G U I O L I D E M P F U J B G
E C A C D L P K O S O G L P A F I A V V
G V S Z L W C A Z R T P N L F S G G A Z
G K T E H R I T I K C I A I L E W N R R
S G R G M M A C A R O O N N L X I E I D
O L Y U B R A Z H D P F Y G M L H U E A
L O U O T V V U P V N R O L L S I G T T
S M B W Q Q U J T U N O D A E R B F Y H

BAGEL
BAKER
BISCUITS
BREAD
BROWNIE
BUNS
CAKE
COFFEE
COOKIE
CROISSANT
CRULLER
CUSTOMERS
DANISH
DONUT
DOZEN
DUMPLING
EGGS
EQUIPMENT
FILLING
FLAVORS
FLOUR
FROSTING
FUDGE
ICING
MACAROON
MILK
MIXER
MUFFIN
NAPOLEON
OVEN
PASTRY
PIE
QUICHE
ROLLS
SANDWICH
SCONE
STREUSEL
SUGAR
SWEET
TART
TEA
TREATS
TRUFFLE
VANILLA
VARIETY

Solution on page 115

Pandas

H Z V K W B D O L B L I D Q L A G B R K
R L A M I N A L A I R T S E R R E T Y D
B M Z L Q R D M T H R E A T E N E D V I
T G R J D A B U U I V X H J D B F B C B
D R D D M O E T I H W D N A K C A L B R
O A R F O R E S T I O X N L Q O U I J R
J C L A M M A M S C E G R A L N G B B L
H X P R N X Y O I S E E U H S S I E S X
E B N O H C U L K R O J F H H E A S G H
R D C V E D E O E B L L I Y R R E F N W
B M A I M G H D F A V U T U M V R O I T
I J P N B T S W I A W Y T A A A I C H X
V Y T R L P X V L Z G A J E T T H C C N
O K I A E D E H D O N G L R A I C H A U
R I V C M R J Z L O H B E L N O B M O Y
O N I N A U H C I S U E U A H N Y A P B
U E T R N S Z Y W R S P F K L O R Z H J
S Z Y G I S C S H M O U N T A I N S B J
D H L T X U P S M P V G C K N P I E I A
U E B G J I J M P T T P F D U F I B Y V

BAMBOO
BEAR
BIG
BLACK AND WHITE
CAPTIVITY
CARNIVORA
CHINA
CONSERVATION
CUBS
DOCILE
EGG
EMBLEM
ENDANGERED SPECIES
FISH
FOREST
FUR
HABITAT LOSS
HERBIVOROUS
HONEY
JUNGLE
LARGE
MAMMAL
MOUNTAINS
NATURE
POACHING
POPULATION
RARE
SHRUB LEAVES
SICHUAN
TERRESTRIAL ANIMAL
THREATENED
TREES
WILDLIFE
ZOOS

Solution on page 115

Pillows

Q B Q L Z X S K L E Y M L N I T A S M Z
Y E F D P P D P W R T R A V E L H V T O
Y T V F S I A Y V H X G W K U G X H P N
D I O R T C V B J Z U Q N A P N G W X G
F H H P P O K U R E L A X I H I O T R I
Q W D Y H M Y L V F L M Z N F K J C V S
W B O W P F D P Z B H F Q R Z F H V P E
O M W R F O G B I D J B D U U X U O D D
X V N U H R A J S H W P O L Y E S T E R
U K L F H T Z L Y U H A R D R U N I S A
S F L N E N I L L V P A T E E M A E R D
N I U I B O L S T E R P H Y S C P R L N
M H M G S I V N Z U R T O P T M A O F A
D B R H J H G B E W A G P R I A H C I T
Q G B T V S E L P E H G E I T O C E Y S
Y T K A R U A A F G U O D N L C U D E Z
V U H C W C G D D I Q Q I I I S O F A G
N Q F N E A A I G K R V C W C C C V D L
H S H P V N U S J G H M N O H S L E E P
D A B Q V F J W E T U R M T X S B F J R

BED
BLANKET
BOLSTER
CASE
CHAIR
COMFORT
COUCH
COVER
CUSHION
DECOR
DESIGN
DOWN
DREAM
FEATHER
FIGHT
FIRM
FLUFFY
FOAM
HARD
HEAD
HYPOALLERGENIC
KING
LACE
LINEN
NAP
NECK
NIGHT
ORTHOPEDIC
POLYESTER
QUEEN
RELAX
REST
SATIN
SILK
SLEEP
SLIP
SOFA
STANDARD
STUFFING
SUPPORT
THROW
TOP
TRAVEL
WHITE

Solution on page 115

Heavenly Constellations

N L D S U T E C D I I Y C K Q I N P H F
M U T U C S C O R V U S O R E C O N O M
S U P E L B Y H S U D R A P O L E M A C
H D M H O M U L U C I T E R X W P U R I
W E V P S U H C U I H P O O V I S L D D
R A R E S S A K E P S N M R S U C U Y O
H S E C I N E R E B A M O C S D R G H R
J U U T U V C R B A M J E A U I A N J A
B N I I K L S C U I A S G N R Y T A G D
T I O M R E E S A M L E Z I S M E I A O
F H G I U A T S S P P I X S A R R R J S
C P R S R R T I A S R N G M M U Y T S U
C L I N A O N T U R Y I G I A L I Y U R
A E V L N A E I I L I M C N J D S Y I U
Y D I F C Z P S I G S E T O O B T U R A
P S A N D R O M E D A G S R R V E L A T
X I N E O H P K U U R S A M I N O R U N
V P J C A T R E C A L U C E P L U V Q E
N N S C U L P T O R A I E P O I S S A C
D G U D O U V L D I M F A O V Y T M P E

ANDROMEDA
AQUARIUS
ARIES
AURIGA
BOOTES
CAMELOPARDUS
CANIS MAJOR
CANIS MINOR
CAPRICORNUS
CASSIOPEIA
CENTAURUS
CEPHEUS
CETUS
COMA BERENICES
CORONA AUSTRALIS
CORVUS
CRATER
DELPHINUS
DORADO
GEMINI
HERCULES
HYDRA
LACERTA
LEPUS
LIBRA
LYNX
LYRA
MONOCEROS
OPHIUCHUS
ORION
PEGASUS
PERSEUS
PHOENIX
PISCES
RETICULUM
SAGITTARIUS
SCORPIUS
SCULPTOR
SCUTUM
TRIANGULUM
URSA MAJOR
URSA MINOR
VELA
VIRGO
VULPECULA

Solution on page 115

Pleasant Pastimes

AMATEUR RADIO
ASTRONOMY
AUTOGRAPH COLLECTING
BIKING
BIRD FEEDING
BIRD WATCHING
BOOK COLLECTING
BUTTERFLY WATCHING
CAMPING
CAVING
CLIMBING
COIN COLLECTING
COMIC BOOKS
COOKING
CROCHET
DOLL MAKING
ELECTRONICS
EMBROIDERY
GAMES
GARDENING
GENEALOGY
HOMEBREWING

A G N I T T O P S N I A R T B I K I N G
Y U N G N I B M I L C G N I T T I N K F
P G T I T T K Y G N I W E R B E M O H W
J I O O T S V A O I D A R R U E T A M A
G V S L G C C G Y M O N O R T S A V Q T
N N B S A R E U N A P L M G T R C K X E
I G I O A E A L L I K Z N Q E E G E V R
W N G K O L N P L P H I U T R A N L U S
E I N I A K G E H O T C N D F D I E Y P
S D I T G M C D G C C U T G L I L C R O
K L D E N A L O E U O P R A Y N E T E R
O I E F I X M L L N C L M E W G V R D T
O U E L V Z L E O L I R L A A D A O I S
B B F Y A O O G S D E A O E T A R N O G
C L D I C G N I P M A C T C C S T I R N
I E R N S N O W S P O R T S H T L C B I
M D I G A R D E N I N G I I I E I S M K
O O B O S C R A P B O O K I N G T N E L
C M Y B W O O D C A R V I N G G V E G A
C O O K I N G N I K R O W D O O W W C W

KAYAKING
KITE FLYING
KNITTING
MODEL BUILDING
READING
SCRAPBOOKING
SCULPTURE
SEWING
SNOW SPORTS
STAINED GLASS
STAMP COLLECTING
TRAINSPOTTING
TRAVELING
WALKING
WATER SPORTS
WOODCARVING
WOODWORKING

Solution on page 115

Go Hiking

A S I X W X A Y C W U C A M P I N G S B
Q P H E G N I K C A H W H S U B A N T H
L L P W Q N O I T A E R C E R V O I N B
F E N A L U I S S E N R E D L I W R E O
Y V S G L N I Z S A D V E N T U R E M O
N A S N A A O P A L S D R A Z A H E N T
O R A I F E C R M L L L Z Z G E Z N O S
I T P N R K M H D E B I A F W C U I R U
T S M N E A J E I I N L H M E J D A I M
A H O U T D O O R A C T I V I T Y T V M
R T C R A G R S G T N W M A V N R N N I
D A N U W E S R F U X T A S R F A U E T
Y P A M V E O W F Q A E R L I T E O L R
H I K I N G T R A I L S J A K R G M A E
P Y R T N U O C S S O R C I I I U I R K
C O I I E C N A T S I D G N O L N O U K
C F K O C S R O C K C L I M B I N G T I
N I A R R E T S E R O F H E A L T H A N
H L U F I T U A E B A C K P A C K I N G
J V S T N E T R O P S T I C K Q H W N M

ADVENTURE
ANIMALS
APPALACHIAN TRAIL
BACKPACKING
BEAUTIFUL
BOOTS
BUSHWHACKING
CAMPING
COMPASS
CROSS COUNTRY
EQUIPMENT
EXTREME
FITNESS
FOREST
FUN
GEAR
HAZARDS
HEALTH
HIKING ORGANIZATIONS
HIKING TRAILS
HILLS
HYDRATION
LONG DISTANCE
MAP
MOUNTAINEERING
NATURAL ENVIRONMENTS
NORDIC WALKING
OUTDOOR ACTIVITY
PATHS
RECREATION
RIVER
ROCK CLIMBING
RUNNING
SPORT
STICK
SUMMIT
TENTS
TERRAIN
TOURISM
TRAILBLAZING
TRAVEL
TREKKING
VIEW
WATERFALL
WILDERNESS

Solution on page 115

Festival

F S H B C J T H J O L L Y L I M A F F P
V M K N N G N I L Z Z A D W L Z M R A W
G T I N S E L W W J D P Q H G E I R I X
Y U Q G I R B A S H N I A T R E T N E Y
K R G N I R E H T A G L N R N Y E N R B
U K N P V R D R L R L O Y D I T G L D V
A E K E L P I M A O S X S U S A E Q E G
G Y W Y I B E D W A Y D B A P W K M X F
G M S S G L U E E T A R O M E M M O C V
R K R D H A E S F C J R A J R O V R I T
H M O W T N R G A O O H E T C T A N T A
F O L I S I P I K Z C R T C C U C A I O
F E O T E L T S I M H H A A X R A M N X
B N C E M A H A P P Y S R T V H T E G S
W Z L F U I G B G T I N B I I V I N J T
X D O F T V I H L O I E E R S O O T O M
V Q N U S O R O N V L W L J Y T N S Y L
R E V B O J B L A L S S E R D D M F O U
W H Q T C V O L S P I E C N A D N A U Q
M H O G V J K Y R C B B Q C A R O L S V

BASH
BELLS
BIRTHDAY
BRIGHT
BUFFET
CARNIVAL
CAROLS
CELEBRATE
CHAMPAGNE
CHRISTMAS
COLORS
COMMEMORATE
COSTUMES
DANCE
DAZZLING
DECORATION
DRESS
DRINKS
ENTERTAIN
EXCITING
FAMILY
FOOD
FRIENDS
GATHERING
GRADUATION
HALLOWEEN
HAPPY
HOLLY
JEWELRY
JOLLY
JOVIAL
JOYOUS
LIGHTS
MERRY
MISTLETOE
OCCASION
ORNAMENTS
PARTY
PIE
ROAST
SEASON
TINSEL
TURKEY
VACATION
WINE

Solution on page 116

Like to Write

P Q T Y K Y J S T S P X P E E P L I L B
Y Z T S A O V X N E R Y T M J S L G O F
Q S K R E A D I N G B S P E N H I O Q P
G S T O R Y H O T H O U G H T S K A T N
P B N A R T I C U L A T E T P T S M F J
R R I V D T N O I T O M E A A S R A A R
H E R M C J I F J N Y A L P N E E R C S
E V P I A R E F L E C T I O N T T D T U
R I F T W G A C N M C L S J A N C M U L
N T A H I N I F T N V H I D P O A A A I
E A L G O N Y N E I P B E M M C R G L T
G E R I R O T U A A V S Y P A E A A H E
I R P R Y L G E R T C E O P K X H Z Y R
R C U W A O E G R R I S S P V L C I W A
L W B Y L T A V I E I O O S N U O N U T
K O L A I R I P O T S E N T E N C E S U
K R I L A K T O I N M T J C A U T H O R
J D S P X I Z O N E N O I S S E R P X E
S S H P O E N M L A D V E N T U R E Z D
G L A N G U A G E Y H P A R G O I B B D

ADJECTIVES
ADVENTURE
ARTICULATE
AUTHOR
BIOGRAPHY
BOOK
CHARACTERS
CLIMAX
COMPOSITION
CONTESTS
CREATIVE
DESCRIPTION
DIALOGUE
DRAMA
EMOTION
ENTERTAINMENT
EXPRESSION
FACTUAL
FICTION
GENRE
IMAGINATION
INTERESTING
LANGUAGE
LITERATURE
MAGAZINE
NARRATION
NOUNS
NOVEL
PARAGRAPHS
PEN
PLAYWRIGHT
PLOT
POEM
PRINT
PUBLISH
READING
REFLECTION
SCREENPLAY
SENTENCES
SKILL
STORY
THEME
THOUGHTS
VERBS
WORDS

Solution on page 116

Angels

W D L Y L G C U P V G O O D N I K X H E
F Q T T C A W K G R I L R F I R N P L E
V D F A L R U H I S A N D E N V R B G H
S X K L O L E T I H V L J C V T I R B A
G Y U I U L C M I T A N J N I B N N D A
L P P B D F F P S R E G N E S S E M E F
O A U N S J I S U P I F F C I H R I H D
F N T R L L X T G K A P U O B O D R D W
S D R L E A A A U G N I S N L U L A X V
A X Q O I N Y I R A G M Q N E L I C L M
P Q U V R R P R O T E C T I S D H L T C
W A Q E B E O S L Y L B M E L E C E I H
G Y P S A T G G L A I I B A P R X S C B
N U L J G E R N M H C O R A H M U R C B
S T I O O N E I I H R E O T A M U Y U H
Q T W D H V I W A Y H G S X K H F R V H
J N E B A I Y E T L L R F I C Y E D T I
G M O E B N L V B K O F I C W H F P G D
E G H O W K C O M F O R T Z C W G W A E
F A W G T S C E T W K K D U N R G L B R

ANGELIC
ART
BEAUTIFUL
BEINGS
BIBLE
CHERUB
CHILDREN
CHURCH
CLOUDS
COMFORT
DIVINE
ETERNAL
FLOAT
FLYING
GABRIEL
GOOD
GOWN
GUIDANCE
HALO
HEAVENLY
HERALD
HOLY
INNOCENCE
INVISIBLE
KIND
LORD
LOVE
MERCY
MESSENGERS
MICHAEL
MIRACLES
MUSIC
PROTECT
PURE
ROBES
SHOULDER
SING
SPIRITUAL
SUPERNATURAL
SWEET
TRUMPET
WHITE
WINGS
WISE

Solution on page 116

Seashell Collection

I E S X S C T D E G C L Y O A Y R M R S
Z M D M A R I C C L P S B L O E U H H E
L S O O N U D H A R D H R E T S Y O Y V
R C P S D S E M L P Y A F A S T R F D A
D A O U D T S M K D E P W E T E X X U W
W L R L O A B B C P R E L W F O P F P P
Y L T I L C P Q E X O S K E L E T O N N
R O S T L E H S N A I L S H E L L S O J
L P A U A A C C A L C I U M L O C W E D
E Y G A R N U T C E P H A L O P O D S A
W L A N D S N A I L S I C M M C N P Y D
E A E N I L T S A O C K L O E P C W E O
J M S I N A G R O E N I R A M R H C M P
N O E H T K W P L W N S N U H B O L X O
R L V C E C L I E T A R B E T R E V N I
B L L U R D G C Z B C C O R A L E R V H
H U A G I A U V H E R M I T C R A B S C
O S V W R Q F P W M E B I M U R A S Y A
Q K I F N O I T C E T O R P Q Z L H G R
P S B F Y N I H S H N J F L F X R F U B

BEACHCOMBERS
BIVALVES
BRACHIOPOD
CALCIUM
CEPHALOPODS
CLAMS
COASTLINE
COLLECTIONS
CONCH
CORAL
CRAFTS
CRUSTACEAN
DECORATION
EXOSKELETON
FISH
FRAGILE
GASTROPODS
HARD
HERMIT CRABS
INVERTEBRATE
JEWELRY
LAND SNAILS
MARINE ORGANISM
MOLLUSKS
MUSSELS
NACRE
NAUTILUS
NECKLACE
OCEAN
OYSTER
PEARL
PROTECTION
SAND DOLLAR
SCALLOP
SEA
SHAPES
SHINY
SHORE
SNAIL SHELLS
TIDES
WASHED UP
WATER
WAVES

Solution on page 116

Nice and Pretty

P U G F L O W E R F F R F S Y Y B V V D
Y B S J V R D B G I B T A K Q L G L B A
K J A K P U E I R E B S E Y E M Q J S Q
F K X B P N H K A A M B Q N L C G V R T
C S R G I W B N H M C S O X I Z A M R C
O T R A G E X I E Y O E T N M G R F Q T
T M C O R H S P R E E N L O S O T C Y N
M O Y R L E W E J D M B D E N E O F Y H
Q D E M M O N N R K S R R O T E D N P C
C E L O D E C R H U A U I S U A S I U A
P L P P C X V M S W T T G K R I N G R E
O X O S W E K U I P A C N N I T I Y S B
N F E U V M N N L R P O I G I T A H E S
G K P X D R G U O Y P P U P H T T V S E
A R Y K I S C C P O M U S I C O N E G O
P S M S E S E Y L F R E T T U B U I N H
M E E S N D O R I I A K L M P Y O S A S
V S R M V S I L A Y T A Y P P I M W E P
I O D L O G E H N M L M A R F M A N S G
H R E L Q X L Z S Q J B Z S O L C W W H

ART
BABIES
BEACH
BIRDS
BOWS
BRACELET
BRIDES
BUTTERFLY
CLOUDS
COLORS
DECORATION
DIAMOND
DRAWINGS
EYES
FACE
FLOWER
GEMSTONES
GIRL
GOLD
HAIR
HORSES
HOUSE
JEWELRY
KITTENS
MAKEUP
MODEL
MOON
MOUNTAINS
MUSIC
NAIL POLISH
PAINTING
PEOPLE
PICTURES
PINK
PUPPY
PURSES
RIBBONS
RING
ROSES
SCENERY
SCULPTURES
SHOES
SKY
SMILE
SUNRISE

Solution on page 116

Pianos

D S S F M Y A M A H A K C Z I Q P Z U S
O R Y U C O D P W I Y K X A R G E U C G
O B A C H K Z O D F O E C I T C A R P L
W N W O K J Z A L O E N L T H G I R P U
U Q N M B M A S R E M M A H W V M U I R
P S I P T Y J E N T M I S I H J Q J A S
S G E O A I E S E Q E G S T P X L A N C
L N T S K P Y K H C E T I H W D A F O A
A I S E X Y L E N E Z P C H S C N N F L
D N A R G Y B A B J E V A T C O A A O E
E U I S Y P M V Y R X T L O B P G I R S
P T D P N R D I C E Z K M S N I R C T G
Q O A Q O A D U U S R P U U U A O I E N
J T I F B H S G E E A P S U S N F S N I
S R R T E S C T V N H G I F L I C U I R
G E S E I R O V I Y I A C A T S C M P T
P C R O T N E M U R T S N I N T S C S S
K N N O H B E H A R P S I C H O R D S K
A O T N C N E V O H T E E B L A C K P F
C C A T T S O U N D B Q G O I O P H Q F

ACCOMPANIMENT
BABY GRAND
BACH
BEETHOVEN
BLACK
CHOPIN
CHORDS
CLASSICAL MUSIC
COMPOSERS
CONCERTO
EBONY
GRAND PIANO
HAMMERS
HARPSICHORD
INSTRUMENT
IVORIES
JAZZ
KEYBOARD
MELODY
MOZART
MUSICIAN
NOTES
OCTAVE
ORGAN
PEDALS
PERCUSSION
PERFORMANCE
PIANIST
PIANOFORTE
PLAYER PIANO
PRACTICE
SCALES
SCORES
SHARP
SHEET MUSIC
SOLO
SOUND
SPINET
STEINWAY
STRINGS
TUNING
UPRIGHT
WHITE
WOOD
YAMAHA

Solution on page 116

Something Sweet

BANANA SPLIT
BONBON
BROWNIE
BUBBLEGUM
CAKE
CANDY
CARAMEL
CAVITIES
CEREAL
CINNAMON ROLL
COLA
COOKIE
DECAY
DESSERT
FROSTING
FRUIT
FUDGE
GINGERBREAD
HONEY
ICE CREAM
JELLY
LEMON DROPS
LICORICE

B J B Q P U R Y S W E E T E N E R D R R
H J L R O O T B E E R L S N I F F U M G
D S U G A R B A G O L H A E D W G J I L
M T O F F E E N I A A K P E I H V N L I
H R J D M L I A S M M T N A R T G J K C
L Y F F A T W N T T F P L I S E I Z S O
B A A F S P R A M J E L L Y R T C V H R
Y T E O A Y O S S Q I B O B M P R E A I
R T R L W H I P P E D C R E A M S I K C
P F N U C C J L O G E E N O R A C K E E
Y T O B F I J I R R A U O W S E P O O S
J A C P U F S T D D D T M J H R E O L A
E A C C O B L P N O N C A I M C X C H A
I Z A E M P B E O W U Y N P A E R Y Y X
T D N L D E I L M P S E N O L C R E J A
P U D D I N G L E F R U I T L I E N G C
I Q Y E W T E D L G D C C B O N B O N E
E O K O R G T Z U O U K L D W U R H R N
C A R A M E L U M F L M D E S S E R T S
C B D S I Q V B V L V T B R H M G P E H

LOLLIPOP
MARSHMALLOWS
MILKSHAKE
MUFFINS
PASTRIES
PIE
POPSICLE
PUDDING
ROOT BEER
SODA POP
SORBET
SPRINKLES
SUGAR
SUNDAE
SWEETENER
SYRUP
TAFFY
TOFFEE
TRUFFLE
WHIPPED CREAM

Solution on page 117

Butterflies

S O B W S T O P S H P I N Z R B R I C Y
S G H T V R L S W A L L O W T A I L W E
E Y G C Q O W I N G S T Q L B L A C K L
V W O E S P R I N G G I E L C R E M S L
A Q M F M I N G P V T P L T V L W O V O
E L R F W C M O N E I F L A F R L N R W
L U F E C A R G I D L M L N S M D A R O
J C Z P O L C M O T I C O Y S Y N R D A
P X F N L F A P E M A I Y I I G R C C N
Z Z P E O A T A I T T M H C E N L H O T
C X U C U E E C E A A P R M E W G I C E
J F P T R S R R R E R M H O C F T S O N
X B A A F Y P G U O S W O I F A I I O N
U Q L R U I I E M W N N C R N S F L N A
D R S F L M L Y C A S Y R I P L N K F E
X M T L D B L H T I J U L E O H Y A B U
J V A I U O A U H J E L M W T C O X R X
Q R G G P S R A A P O S E M A T I S M T
B M E H H E S V D P C R C R E R A U I B
D S H T O M H T C E S N I F I R T P P S

ANTENNAE
APOSEMATISM
BLACK
BUG
CATERPILLARS
CHRYSALIS
COCOON
COLOURFUL
EFFECT
EGGS
FLIGHT
FLOWERS
FLYING
GRACEFUL
INSECT
LARVAL CATERPILLAR
LEAVES
LEPIDOPTERA
LIFE CYCLE
METAMORPHOSIS
MIGRATION
MIMICRY
MONARCH
MOTHS
NATURE
NECTAR
ORANGE
PATTERNS
POLLINATION
POLYMORPHISM
PUPAL STAGE
SILK
SPECIES
SPOTS
SPRING
SUMMER
SWALLOWTAIL
TRANSFORMATION
TROPICAL
WINGS
YELLOW

Solution on page 117

Knitting

G K X S J X D S S T F A R C Q Y W U N R
Q K R R K V T X E B L A N K E T S C G U
X P S E U C T B S T A N C G N T E N U H
K P C B C R O C H E T I N G A R I V P V
F F O I O S A S M D K E O H U D P Q Y M
F H L F R R W P P E N I N T N D Z G P H
Z L O T V B D O F Y I B X I E Q N F I B
B R R E P D A E R H T E B S K I G S O W
U C S U A A A F L Y T I I G T C E H E O
E P S I P C T P A A I G V T L H O L G O
W K U W L V M T Q R N C I I C E T T O L
E S P S E L D E E N G N I T T I N K S H
M M C I U A D S J R K A I R N C N G P K
K I M L X N T E E D N T U G C O A B T J
E A T C O S Q E N V S S R G T U U Q N I
L L U T R T P A R I O A A K E S L H E T
B W S F E K H O T S H L N A H G F A M P
A A G E F N D I O U S C G N I B B I R H
C R N W S M S N N L E V A R N U B A A W
O P I W E A V I N G A J V M C V S Y G K

ACTIVITY
AFGHAN
BINDING
BLANKETS
CABLE
CAST ON
CIRCULAR
CLOTHING
COLORS
CRAFTS
CROCHETING
DESIGN
FABRIC
FIBER
FLAT KNITTING
GARMENT
GAUGE
GLOVES
HAND KNITTING
HATS
KNITTING NEEDLES
KNOT
LOOPS
MACHINE
MITTENS
PATTERNS
PURL
RIBBING
ROWS
SCARVES
SOCKS
STITCHES
STOCKINETTE
SWEATERS
TEXTURE
THREAD
UNRAVEL
WARP
WEAVING
WEFT
WELTING
WOOL
YARN

Solution on page 117

Art Therapy

I A M E N T A L M F L I N S I G H T O W
T M E K E P A E V A H R K T M V L R E P
N U P P D N T K U S I S Y L A N A A H S
E A N R O H L S R I Z X E P Q D R N T Y
I R E S O C I D U E F S T U D I O S O C
T T R D C V B C O G N I T I V E I F L H
A E D R J R E C O N C I L I N G V E N O
P Y L E R U T P L U C S S R O F A R O A
Y D I S O R D E R S N H T L A E H E I N
E E H L Q I K R T E K S O N R C E N S A
H R C W O G P L A A V H E Z I N B C S L
K E H I M A G E S W C I N L L A D E E Y
V S T R E S S S W Y I I T R I H G G F T
A O E X P R E S S I O N N A T N X N O I
D L Y O J N E P R N H A G U E E G I R C
U V P L E A S U R E S T S L M R X K P V
L E A R N I N G L M R O L O C M C A J X
T P A I N T I N G J L A N O I T O M E E
S W M B F G R O W T H C O N F L I C T S
A I D E M U N T E C H N I Q U E H S D L

ADULTS
ANALYSIS
AWARENESS
BEHAVIORAL
CHALLENGES
CHILDREN
COGNITIVE
COLOR
COMMUNICATE
CONFLICTS
COPE
COUNSELING
CREATIVE
DISORDERS
DRAWING
EMOTIONAL
ENHANCE
ENJOY
EXPRESSION
GROWTH
HEALTH
IMAGES
IMPROVE
INSIGHT
LEARNING
MAKING
MEDIA
MENTAL
METHOD
PAINTING
PATIENT
PERSONAL
PLEASURES
PROFESSION
PSYCHOANALYTIC
PSYCHOLOGISTS
RECONCILING
RESOLVE
SCULPTURE
STRESS
STUDIOS
TECHNIQUE
TRANSFERENCE
TRAUMA
VISUAL

Solution on page 117

Italian Food

N A T T E C N A P I A D I N A R M F J K
O C P I Z Z A N A S E M R A P E N N E R
C H E E S E L L A F R A F O C A C C I A
Z T O N I L O C A J B Z C I A B A T T A
I L O I V A R V A M V I T T O C S I B L
T R D R S F O C O R A O T T O S I R S P
I T P E T T E L I O B R S E I M A L A S
U P R O A E M T L B G O I H V A T K U Z
U B O K A L L O T O G V N G V R I H C U
N A S U E T L L Z U C T N A E I U G E P
A E C A N H T E I Z C I C P R N B N A A
U B I N O L L E N N A C P S M A D S P T
Y J U G R C T G H A I R I A I R T U Q U
W P T A T O U C N C Z K E N C A G E N D
H G T S S U T B A O S N J L E Q A S Q N
T E O A E R L A O L C U A A L F R E D O
Z L U L N O F B M S Z C R P L A L R K F
U A D D I R U B T O S O H B I Q I P K S
H T I K M N R I G A T O N I V O C A R H
N O R Z O O I M M A V I T E L L O C N D

ALFREDO
BISCOTTI
BRESAOLA
BRUSCHETTA
BURIDDA
CALAMARI
CALZONE
CANNELLONI
CAPICOLLO
CAPRESE
CARBONARA
CHEESE
CIABATTA
FARFALLE
FETTUCCINE
FOCACCIA
FONDUTA
GARLIC
GELATO
GNOCCHI
LASAGNA
MARINARA
MINESTRONE
MOZZARELLA
ORZO
OSSOBUCO
PANCETTA
PANZANELLA
PARMESAN
PASTA
PENNE
PIADINA
PIZZA
PROSCIUTTO
RAVIOLI
RIGATONI
RISOTTO
SALAMI
SAUCE
SPAGHETTI
TOMATO
TORTELLINI
VERMICELLI
VITELLO
ZITI

Solution on page 117

Flowering Plants

A P K B X G W P U P L I K D U B J M L F
P F Y U W H N L G A I L A I N N E R E P
A H O Y D N S F H N O I E D I H C R O C
Q L R E B T S P K S S J S T R A T C E N
V W O C A D H N R Y Y K T U L I P R Z R
D O B M Q S O I O I D S I H L H Q X E B
O B E O I G U C A R N A T I O N E D G E
W N G O T Q E Z L O C G Z T E U Q U O B
M G O I S A I W S K L E O R H P S J N L
Z U U M U I N A R E G S E V A E L A F O
S R N M W Z E Y V K Y O N T S E T A V O
F E E U P S X O U N X R L G R U S U N M
M T D S C G L E T Q J F L O R I S T P T
S A R I Z U I H Y P A K Y E P U M E T S
S W A R T W E L P P A B A R C Y T D C X
A N G I O S P E R M C O E S E A E O G G
R I O L I D O F F A D T I Q L W L R Y P
G N O S U H S Z J W T B R X R O O L H T
D V T M E I J K Q Y I U O I R W I L P T
B I N O X Z V I Y H L I P I D L V Z F R

ANGIOSPERM
BLOOM
BOTANY
BOUQUET
BUD
CARNATION
COLOR
CRAB APPLE
DAFFODIL
DAISY
DIRT
EVOLUTION
FERTILIZE
FLORIST
FLOWER
FRUIT
GARDEN
GERANIUM
GRASS
GROW
HIBISCUS
IRIS
LEAVES
LILY
NATURE
NECTAR
ORCHID
PANSY
PERENNIAL
PETAL
PHOTOSYNTHESIS
PLANT
PRETTY
ROSE
SEASON
SOIL
SPRING
STAMEN
STEM
SUN
TREE
TRIM
TULIP
VIOLET
WATER

Solution on page 117

Ballet Dance

I M E H M B J C Y U P L W E N C R O I X
T P I N A I S N E T R O H L S E D G U M
V X D Y G N I C N A D I S O S T I X Q F
F I S H D I V E H E E G L I S S A D E Y
R Y E J C K M R E T E T R R T P V G S R
A W L K X E S B N N M E B B L I L E E S
P W I N T K D E D I I A V A N T O I Z G
P A B T M O M E M O M E F C D T T N T A
E P A U U E D T X P A S D E D E U X S P
G B L B G A U T H I E C N A L A B J T P
X X L N N O V E M M A R A B E S Q U E G
I E A S N M L U R E E P F I C G T M I S
M H B R U B S O R D K W A O E U C P L R
C J U W M I O R R B A L L E R I N O P O
Z T P E C L A I A L L E G R O M B Z Z H
T Y S O F B W P F V N S A P D N A R G E
L S V V P B M O L P A R T N E R I N G D
A G A D O M N W E X W V W H X U Y W C N
W U O X F D E S S U S T A H C E R T N E
B R L A U U Q T P J D E I Z R A J J N D

ALLEGRO
APLOMB
ARABESQUE
ASSEMBLE
AVANT
BALANCE
BALLABILE
BALLERINO
BARRE
BATTEMENT
CABRIOLE
CHANGEMENT
DANCING
DEMI POINTE
DESSUS
DOUBLE
EN CROIX
EN DEDANS
EN DEHORS
ENTRECHAT
FISH DIVE
FLOOR
FONDU
FRAPPE
GLISSADE
GRAND PAS
HORTENSIA
JUMP
MIME
MUSIC
PARTNERING
PAS DE DEUX
PERFORMANCE
PIROUETTE
PLIE
POSITIONS
RISE
SPLIT
STAGE
SWAN LAKE
TEMPO
TOES
TURNOUT
TUTU
WALTZ

Solution on page 118

Cozy Cabins

F P R N P K I F I E H L J W K G Z E E P
W L O X H M L C K K S L B F E N E R E S
S T Z C D S A R Y P S U U K O R W I G S
I S D U L N K C Q Q E R O I X G I V V Z
M N L A O J E R P H N S N H R G L V I A
P T S E R O F W E I R U K U A M D H E N
L A T N E R D S T O E Z R B I F L A W R
E K T M L H Y U T R D A G R E R I F S Y
R Q Y B A Q R A O T L N M L T D F S F R
K R R L X E R X C Y I S O L A T E D G Q
D Q T U I E A E L P W L U F E C A E P S
L P E N N M I L E R F O K T V T T D E E
G O S E G Q A E A I G T A A X A D U Z C
D J G H V M L F S M N M C R W E E L Q U
T K J C S S W H D I I A Y A E R T C D R
B H T T L K I Y A T T V Y K U T E E U E
H E B I S N H U N I N F E T Y E L S W X
R K S K G E Q I O V U Q A J M R T E N B
A P Z N E J U N P E H N N Q U I E T H W
R X Y G Y M W G T R I P O R C H T A B S

BATH
BED
CAMP
CANOE
COT
FAMILY
FIRE
FISHING
FOREST
FURNITURE
GENERATOR
GETAWAY
GUEST
HOUSE
HUNTING
INTIMATE
ISOLATED
KITCHEN
LAKE
LOG
NATURE
PEACEFUL
PORCH
PRIMITIVE
QUAINT
QUIET
RELAXING
RENTAL
RETREAT
REUNION
RIVER
RURAL
RUSTIC
SECLUDED
SECURE
SERENE
SHELTER
SIMPLE
SLEEPING BAG
SMALL
TRIP
VACATION
VIEWS
WILDERNESS
WILDLIFE

Solution on page 118

Classic Literature

W O R K S L E V O N V M E L V I L L E L
V I L A I N O L O C F A U L K N E R P R
N F K C E B N I E T S R O H T U A R G Q
G N I V R I T Q T A O K U A E R O H T H
J N E Y R A R O P M E T N O C S K O O B
V G A P C U M S A A L W I U E E A E S L
N T N U M S K N E R I A T S I I M P Z M
G O D I A A T W H D O I E C N R E A L O
N E S W T I I A O N T N D I B O R S O I
T O Y N C I W L I U Y M S E P T I C O A
E E S I I T R T L V H S T N S S C L H H
R M S I H K G W V I P I A C R T A A C I
X M E O R N C H F O W L T E E R N S S S
F X R R I R T I E W L A E F R O P S I T
Y N C D S H O T D A T E S I N H O I T O
E R A G E O S M R O Q R U C E S E C G R
N E G A U G N A L G R E A T G A T S B Y
R S T Y L E G N B E N G L I S H R D Y D
U E E K I D P U N H O J M O U L Y Z P Y
R N S R E T I R W H E M I N G W A Y Y I

AMERICAN POETRY
AUTHORS
BOOKS
CLASSICS
COLONIAL
CONTEMPORARY
DICKINSON
DRAMA
EDGAR ALLAN POE
EDUCATION
ELIOT
EMERSON
ENGLISH
FAULKNER
GENRE
GREAT GATSBY
HAWTHORNE
HEMINGWAY
HISTORY
IRVING
JOHN UPDIKE
LANGUAGE
MARK TWAIN
MELVILLE
MORRISON
NOVELS
POETS
PROSE
READING
REALISM
ROMANTICISM
SCHOOL
SCIENCE FICTION
SHORT STORIES
STEINBECK
STYLE
THEATER
THOREAU
TOM SAWYER
UNITED STATES
WALT WHITMAN
WILLIAM PENN
WORKS
WRITERS
WRITING

Solution on page 118

Perfect Picnic

N I Z T S E F B P U W C J Y S X S N U B
D L P C M K W B M B L L O H M O T X F Q
Q M L X K G I Q P E P P E R F M G Z P U
O F P Z Z P A D Q S A L T T N L W S Y X
L C T W Q R P J S T T L B E L B A T U X
Q R N Y W Y U N H E D A B A R B E C U E
R A O L N K I T R T L B B G F F O H M K
L C H I C K E N I L P T V R P L G C G A
G J V M P Z H O L U E O H A A S E K O C
D A C A T C H I J K R O B S R P E O D U
B X N F C O S T S H N F B S K Z L X T P
C O G S C P L A Y G R O U N D I C O O S
L J G F O I B E E R E C L R V C H W H T
B G P N Z M N R N D G P U E U H E R C Q
E F S I D L R C A N R G S L M A E O I Q
T I C F C C X E I U U R B O Y R S O W D
L M F R X K R R H P B I A O P C E D D Y
Z A M K L B L F H T M L R C F O M T N T
P B U X I N T E K N A L B S S A A U A Z
V K M W Q L W H S R H Y I S N L G O S W

BARBECUE
BASKETBALL
BEER
BLANKET
BREAD
BUNS
CAKE
CATCH
CHARCOAL
CHEESE
CHICKEN
COKES
COLAS
COOLER
CORN
CUPS
EGGS
FAMILY
FOOTBALL
FRUIT
GAMES
GRASS
GRILL
HAMBURGER
HOTDOG
KIDS
NAPKINS
OLIVES
OUTDOOR
PARK
PEPPER
PICKLES
PICNIC
PLAYGROUND
RECREATION
SALT
SANDWICH
SHELTER
SOFTBALL
TABLE
THERMOS
WATERMELON

Solution on page 118

Rural Living

B D S I S D B Z Q T A N T E R F Y F W B
M V S G I P H J Y V N R O Y R D J Q U Z
S E S R O H U X N Z E V Y U B C S U W S
L K T H I H A R V E S T R L C X Z K W E
C V W L P A A B S N I A R G T U T Y W A
G L E E U B H H P N L Y S E K A N S E W
M E E E S F K C U R T P U K C I P D E H
F H S A P C S M G R M S C E R X A R F C
S R A W O D M S A N D W L S T G N A I O
T L O X R O E D I L I P X L R O H Y L W
L G A T C G I R E L M K J I A K W E D S
H A Q M C T F I D I B E C E E R T N L L
B R R S I A F E S I R U L O G I E I I O
U D D O M N R J I U L S E Y R A V V W W
T E N I T N A T T T B D E E T H E C O E
L N L V E S H S U X O R S N M S F R K R
J Y P S W O A R W R A W O R T E E F C Q
U J S Z V P E P D N I L A O C R N F H A
N I C Y Z E A O C N N F C C K F C E I R
P O Z T E G B H G M L K P E A C E F U L

ACREAGE
AGRICULTURE
ANIMALS
BARN
BLISSFUL
BROOK
COMMUNITY
CORN
COWS
CROPS
DIRT
DOG
FAMILY
FARM
FENCE
FIELDS
FRESH AIR
GARDEN
GRAIN
HARVEST
HORSES
LIFESTYLE
LIVESTOCK
OVERALLS
PASTORAL
PASTURE
PEACEFUL
PICKUP TRUCK
PIGS
RANCH
ROCKING CHAIR
RODEO
RURAL
SHEEP
SIMPLE
SLOWER
SNAKES
TIRE SWING
TOWN
TRACTOR
TRADITION
TREES
VINEYARDS
WILDERNESS
WILDLIFE

Solution on page 118

Swim Time

J E T N T M V Z Z A F N X A V G N K I V
Q W S Q Q O M Y V L T U E X U P U C D N
F O E S T F A L N N M S N E O O L F Z B
B O P P T I M E Z F P U T W K O S X Q I
E H Q K K X B W E O R G O G G L E S O X
B E C A V S A O R M S T I N I K I B N S
L O I M W O A T A O L F I C D R S N D C
G H G E F S C R B T Y L F R E T T U B X
I K E L K M W E E I O V A C C C R B O O
K F P X K A N L A O K U R H N N O T A T
S R L B T E L A C N G E L V A K K G T A
K X M E S T G Y H E A O L A R S E N K R
I A R T E V I D F T R R O D U P B I N R
Y P I B N Y L I I I E G L J D L S N I F
H T V W A I L O N M L Z Y S N A W I S B
L U E A L T N E M E V O M L E S P A V D
E F R F W K H I C R A K P T M H Z R V M
G M A D A T W I B A S W I M S U I T J E
S W O U R S F U N S R I C C W I I A N N
V C L A C M Y O S G V T S O K Y E K P M

ARMS
BATHING
BEACH
BIKINI
BOAT
BUTTERFLY
CHLORINE
COOLING
CRAWL
DIVE
ENDURANCE
FINS
FLOAT
FUN
GOGGLES
KICK
LAKE
LANES
LEGS
LIFEGUARD
MOTION
MOVEMENT
OCEAN
OLYMPICS
PADDLE
POOL
RACE
RECREATION
RELAY
RIVER
SAFETY
SEA
SINK
SPLASH
SPORT
STROKE
SWIMMER
SWIMSUIT
TEAM
TIME
TOWEL
TRAINING
WATER
WAVE
YMCA

Solution on page 118

Musical Chords

C B M N C V F D Q F K H D B S T T Q K W
A I B T O B E S B L V S Z D E C A L E I
S Z N N L E M V Z A I N V E R S I O N K
E D D S U M V S A T S S H A R P I T C H
V E H E T D N A V T U S X T W Z E C L K
E Q R A G R M U S I C I A N D R O H C D
N X S H R R U G L W C O G B V T T M S U
T Q T J T M E M B M I M D A B H A C U T
H D A E B G O E E I N Z L Y R I C S O S
E T J K N E C N A N O S S I D R X O E O
O A N R D D Y T Y O T T I M R D R L N U
R W D A Y K E E F R S S O O F S A L A N
Y N V U N W A D H T F I F P Q C B A T D
U U O N O I S S E R G O R P S P E S L H
A K J T Y R M G N I S B V K P L I T U W
Q R O J A M C O J A E E K S E A O N M D
W W N T O T B C D D M E L O D Y N I I T
M A I D I M I N I S H E D T R I A D S B
R U R F P W V O X S J P H P B N I L K X
G Y Y V D E E E N U T X K A H G P U R G

AUGMENTED
BASS
C MAJOR
D CHORD
DEGREE
DIMINISHED TRIADS
DISSONANCE
DOMINANT
EXTENDED
FIFTH
FLAT
GUITAR
HARMONY
INSTRUMENTS
INTERVALS
INVERSION
KEY
LYRICS
MELODY
MINOR TRIADS
MUSICIAN
NOTATION
OCTAVE
PIANO
PITCH
PLAYING
PROGRESSION
ROOT
SCALES
SEVENTH
SHARP
SHEET
SIMULTANEOUS
SING
SOUND
THEORY
THIRDS
THREE
TONIC
TUNE

Solution on page 119

My Wife

N O I N A P M O C I N S P I R I N G A L
T N E T N O C E O T N E D I F N O C O B
E Y E N O H D P M Q L T H S F C U V S W
Z L M B I U F D M B W A R M S N I C T U
H P B O C N W J I R C N Q I D N J N U R
J K A A T E I S T I O O B E G H G S N G
S S T R R H N M T D U I R N O U N S N Y
I E U M T O E O E E N S D D Z M I E I F
D V K V P N D R D F T S E U D O R N N E
E I T S B N E A M A E A N R E R U S G A
K T E I O P Y R N L R P S I D O T I G S
I R L B M N T D B E P M V N I U R T V L
C O L A L C I A S A A O J G C S U I S S
K P P E N N N T W U R C F C A L N V Z T
X P C N G O L E V I T C A R T T A E H E
K U E E I N I H O M E M A K E R N S T A
D S B H Z H A T L F R I E N D L Y E S D
B H S I R E H C O R G A N I Z E R E X Y
E A M X C I T N A M O R S N E T S I L R
F Y L L I S T A B L E L B A G G U H X C

ADORABLE
ANGEL
ATTRACTIVE
BOND
BRIDE
CHERISH
CLASSY
COMMITTED
COMPANION
COMPASSIONATE
CONFIDENT
CONTENT
COUNTERPART
DEAREST
DEDICATED
EDUCATED
EMOTIONAL
ENDURING
FASHIONABLE
FEMININE
FRIENDLY
HOMEMAKER
HONEY
HUGGABLE
HUMOROUS
INSPIRING
INTRIGUING
LISTENS
LOVING
MOTHER
NURTURING
ORGANIZER
PAMPERED
PARTNER
RESPONSIBLE
ROMANTIC
SENSITIVE
SIDEKICK
SILLY
STABLE
STEADY
STUNNING
SUPPORTIVE
UNDERSTANDING
WARM

Solution on page 119

Recreational

A S P L A K E U X P F T X P S W A U M G
S P E P V C M H T E N N I S C B R U S A
U Z U C N S T R A L A I T R A M S H L T
J S T A N N I N G N I H S I F I O I G L
M K D R J O G G I N G C S T C O L N B F
V A T D I N O I S I V E L E T I I I X D
R T G S S Y P L F G N I K I H P C R N L
E I F J O H A L R I D I N G M Y G C C G
D N K A F P L A U B S G D A C B N T E N
R G U G T A U B S Q A E C L D T I E U I
J N I T B R A T L P G S I S P R L N Z I
I I W W A G X E R U T N E V D A W R G K
G N O W L O F K R G G O I B Q V O E N S
N N I W L T M S F O N O S K A E B T I E
S U I S X O U A T I B I E S A L G N D M
G R S Y V H A B M H N I T P O Y L I A A
P G M I A P P O I G J Y C A E C A K E G
B B E P C L D C I N C I P S O R C K R E
N S E K P V P N B G G P H O B B I E S U
T A L K I N G N I K L A W A C O C J R T

ADVENTURE
AEROBICS
BASEBALL
BASKETBALL
BICYCLING
BOATING
BOWLING
CAMPING
CARDS
CLIMBING
DANCE
DOMINOES
FISHING
GAMES
HIKING
HOBBIES
INTERNET
JOGGING
KAYAKING
LAKE
MARTIAL ARTS
MOVIES
MUSIC
PHOTOGRAPHY
PICNIC
PLAYING
READING
RIDING
RUNNING
SAILING
SHOOTING
SINGING
SKATING
SKIING
SNOWBALL FIGHT
SOCCER
SOFTBALL
SURF
TALKING
TANNING
TELEVISION
TENNIS
TRAVEL
TUBING
WALKING

Solution on page 119

Eat Up

F I W C H M Y W Q A E D I H K Y A J K M
F O H S I N R A G L N N T H N N F C W J
W U C Q D O E W D B G C U D L U I D U W
A C N D J O G C N Q U N D I N N E R N S
M U U T E D R X T R P F I V H S I F D Z
M A R V A L U W B A O Q F P S F Y S Q H
R F B O Y E B B S Z R C M E L E V P E Q
O I C S R S E T C E A I R E T E F A C V
L X C S E I A N H U L T N X G B H G G V
L J K E L Y E P L O D C T E F P G H T M
P I T R E K A I C R E T T A L P O E U A
V Z E T C V F C M T B A C U R P U T R L
S Q L I D L O S M H B A M G O Q R T K J
Y A H A O R N S H L R S N R N Z M I E X
S C J W B O E C E R A G P A C O E E Y F
V K E R C R T S O U I S B P N T T V L E
K R N A V A D T S U G M Y E W A J L E B
C O B I P N E A K I R B P S U T U P M U
N P N N E G G S T K N S C N H O R S N K
H G S P R E P P E P E G E T Z P G P I A

BACON
BANANA
BANQUET
BEEF
BROCCOLI
BRUNCH
BUFFET
BURGER
CAFETERIA
CARROT
CAULIFLOWER
CELERY
CHICKEN
CORN
COURSE
DESSERT
DINNER
DRESSING
DRINK
EAT
EGGS
FISH
GARNISH
GOURMET
GRAPES
HELPING
NECTARINE
NOODLES
ORANGE
PASTA
PEPPER
PLATTER
PLUM
PORK
POTATO
RICE
ROLL
SALT
SAUSAGE
SERVING
SHRIMP
SPAGHETTI
TURKEY
VEGETABLE
WAITRESS

Solution on page 119

Angkor Wat

J W T G M P N A G L L A L X E L P M O C
W S T A I A U I G U S S H R I N E Z J X
P R Q L T P D S S F O C U A C L T Z S A
C A A F A H E A E I G T U H X S Z L U P
Z L R L V X V C X T C P A L I Z L W O A
V O D A R D A J N U A M H H P A L F I E
G H V N O D T U R A B G D M W T C W G R
K C I O K A A T Z E R D T Q T A U O I M
O S S I G U S C R B U T T N M J Z R L E
P A H T N I D S I B H N N B A L P L E I
D N N A A A V N A T E P O E N H K D R S
K S U N X J M D I I Y D Q J V C P H F X
T K H M E R A R C H I T E C T U R E E Q
O R W Q H V K N A A I U E X E E O R L T
U I N J A G A T I V U S Q M W E F I G E
R T M R C L A T I P A C T O P U A T N M
I Z E M Y T H O L O G Y T O Y L C A U P
S H O D K M O U N T M E R U R B E G J L
T A K E K I N G N I D L I U B Y S E K E
T P A L A C E N O T S D N A S W V P V S

ANCIENT
ANGKOR VAT
ASIA
BEAUTIFUL
BUILDING
CAMBODIA
CAPITAL
CHAMBERS
CITY TEMPLE
COMPLEX
DEVATAS
ELEPHANT GATES
ENTRANCE
FACES
HINDU
HISTORY
JAGATI
JUNGLE
KHMER ARCHITECTURE
KING
MOAT
MOUNT MERU
MYTHOLOGY
NATIONAL FLAG
PALACE
RELIGIOUS
SANDSTONE
SANSKRIT
SCHOLARS
SCULPTURES
SHRINE
SIEM REAP
STRUCTURE
SURYAVARMAN II
TEMPLES
THERAVADA BUDDHIST
TOURIST
TOWER
VISHNU
WALLS
WORLD HERITAGE

Solution on page 119

Creative Visualization

C C N I A R B Y E E E E Y J P C N L G J
T W R F K E C R E C O V E R A N C A P K
D E D E A P O S I T I V E U X I O I R F
Y Q C U A N S K H S W P J L T U Y C A E
T E T H L T T T L A R A B U N D A N C E
I Y C Q N T I A Y E P N E W A G E A T L
R E L A T I O N S H I P S P I R V N I I
E E K K E G Q E G Y A R I E L B T I C N
P H S M K P N U P R H E S N G D B F E G
S N A H E T Y P E N T D W T E N H F F M
O U S R A N F H O T L I E H F S A G P M
R Y C T M K T I I N A C A E I N S H I O
P R I C K O T A O Z E T L S L O T N C T
I O N Y E N N I L Y H I T E W I D V T X
N M S C E S T Y G O L O H C Y S P L U S
B E A T W O S R U A U N Q R J I O R R V
M M N G M I E G Z K W X L E Z V S S E S
N I P E E N H V I S U A L T E N J X W W
V O N U E T R E W A R D I N G E E A P G
V R A L U P O P L E A S A N T C I P E D

ABUNDANCE
BEAUTY
BRAIN
CHANGES
CREATING
DEPICT
EMOTION
ENERGY
ENVISION
FANTASY
FEELING
FINANCIAL
GOALS
HAPPINESS
HARMONY
HEALTH
IMAGE
INTENTION
LIFE
LOVE
MEMORY
MENTAL
MIND
NEW AGE
PEACE
PICTURE
PLEASANT
POPULAR
POSITIVE
PRACTICE
PREDICTION
PROSPERITY
PSYCHOLOGY
RECOVER
RELATIONSHIPS
REPRESENTATION
REWARDING
SHAKTI GAWAIN
SUCCESS
TECHNIQUE
THE SECRET
THERAPEUTIC
THOUGHT
VISUAL
WEALTH

Solution on page 119

Trees

M R E E K S C L Q A X H D P L F C W L O
U E N P A R K U K Z C N T A Q B B O L M
J C T K V H A N L E A V E S F S D O A J
E B E S H R U B E L L E G O D A X D F P
E R C F Y R Y B D C E I L B C Y R Y O W
S I U B T S T O O P W I K X G L I P R C
M S R T G J O Q A T A T A E D P L L E L
C T P M A W S C A G C X N P H P X A S I
P L S C K N S E E N V I R O N M E N T M
T E R I H D O O W D E R T S A O C T S B
C C E M N E U B C R A O M X R C E S R I
V O C A G E S A B T S E R O F N I A R N
L N L G C N N T S Y H L G L X Y N I T G
D E D I X O I D N O B R A C M C N H S N
Y P R B P R N T O U H A Y A H G G J G I
N I L Y W B H I N I T P P E S I B R L W
S N R A D E C N F A R P S U L A B O R O
H E T L S H T R A E L T Y N H M U O B R
O E O I R Q I D S E R P U K X C W T V G
R K S L N F Y S V T P S P E C I E S Y A

APPLE
ASH
BARK
BASE
BEECH
BRANCHES
BRISTLECONE PINE
CANOPY
CARBON DIOXIDE
CEDAR
CHESTNUT
CLIMBING
COAST REDWOOD
CONIFERS
CYPRESS
EARTH
ECOSYSTEM
ENVIRONMENT
FALL
FIR
FOLIAGE
FORESTS
GROWING
LANDSCAPE
LEAVES
NATURE
OLD
OXYGEN
PARK
PHOTOSYNTHESIS
PLANTING
RAINFOREST
RINGS
ROOTS
SAP
SHRUB
SPECIES
SPRUCE
SUNLIGHT
TALL
TRUNK
TWIGS
WATER
WOODLAND
WOODY PLANT

Solution on page 120

Care Package Received

B S W K E P H A U B M I N R V S R M C Q
I B Z P Q F Y L I M A F A A T H Z I S X
X C L X I E N L U X T N E D U T S K H J
W H F A D C A S H N O R D P G U L K I O
A L O J N D T P C P V V K A M E I S N Y
V S T N W K N U W Z V P E K G O B R X C
R Q M D Z W E V R R E L S R S E M A G T
I U F B M M R T D E T S W E S T S I J W
N P N T R E A T S D S S I N H E F E W G
C V Y Y S E P E S R C J A R I T A I O K
I X S B D P D V G I L C Q R P S O S G M
Z O D R H N N S N E K J T S P R C L D O
N J T O P G A O I S L E R E I M U G C V
I P T W O W R C D F L L C X N Y D S U I
I O C N P T G W R I N I O Z G O O E N E
S P P I C W S B O X A F M C O O K I E S
I F P E O D Y T C L A Q A F U O I D C B
T D L S R O T N E M E M I X C J L O V E
O E S A N P P Y R A T I L I M X A O D R
E F C P I E Y G P Y J Y X S K Y W G M M

BANDAGES
BLANKETS
BOX
BROWNIES
CANDY
CARDS
CASH
CLOTHES
COLLEGE
COOKIES
ELECTRONICS
FAMILY
FOOD
GAMES
GIFTS
GOODIES
GRANDPARENT
GUM
LOVE
MAIL
MEMENTO
MILITARY
MOVIES
MUSIC
OVERSEAS
PHOTOS
PICTURES
POPCORN
RECORDINGS
SHIPPING
SNACKS
SPECIAL
STUDENT
SURPRISE
TOILETRIES
TREATS

Solution on page 120

Fishy

A D Z K W V T V J E T A H Y B H M M H V
D F D I R K C H D C S U W G M P U C Q L
S R V D N N P O R T A V N Y R R R V K V
C E G E E A Z F R E S H W A T E R A N G
R B I J H B E E A A P D N U P V F W C E
M J L C Y Y A C T E N U D A W I I F Y L
I Z L U E M Z L O M Z G O O R R N C U O
N U S L E P H D L U S X E R L I S A E P
N T L D B F S L G I Y U S R G P P T D O
O A E Y E K I P N R E H T R O N H F R S
W N D T S G F S A A T G D O C U F I L K
D K N Y E M D D H U F Y T R L Z G S N R
V X I U A N R H O Q L X A I H O M H X A
P Z L G F O O M D A L P Q M L A O X Y H
F B R A O M W S C X P J M D R A X M S S
F V A N O L S S L I O N F I S H P I E A
P L M U D A M Z E A Y I N E E V F I L N
V F P Y S S A B A E S E Y A A N F P A J
T B U D U O U I T H A L I B U T I R H F
L E Q S U R I G C K B P M S K H F L W B

AQUARIUM
BIG
BLUEFISH
BLUEGILL
CARP
CATFISH
COD
CRAPPIE
DOLPHIN
EAT
FINS
FRESHWATER
GILLS
GOLDFISH
GROUPER
HALIBUT
LINE
LIONFISH
MARINE
MARLIN
MINNOW
MOUTH
NEMO
NORTHERN PIKE
OCEAN
ORANGE ROUGHY
PERCH
PIRANHA
POLE
PUFFER
RIVER
SALMON
SCALY
SEA BASS
SEAFOOD
SHARKS
SPECIES
STREAM
SUNFISH
SWORDFISH
TANK
TILAPIA
TUNA
WALLEYE
WHALE

Solution on page 120

Mahatma Gandhi

Y T H D H T P G W N V R W U U U M K B R
X A S T P R A Y E R E S I S T A N C E N
R E U E S C N E E T T D L S H M Y T L I
J R L F D I C Y N H E I P A O M R S I A
T S P T O O F E G O V I T D N E P U E T
W I X O N Z M I L I R M E S Y I Q M F I
G C G E V E R O C I A E Z W N R O U S R
W A H R V E G E T A R I A N G D V S E B
L R Z O E I R U G F P L I S S W H L V R
U D M J C A A T U D Y N V I L C I I O E
Z X A A N L T K Y B G H W A R G B M L T
E K L N E N O S I R P N P A I V G K K I
S C I T I L O P O N O L M O M A R T Y R
I B R E D A E L A U D T N M S B L S Z W
A Y P E E C Q T N E L O I V N O N I F E
T Z Y R B I Z Y C A R C O M E D L V W C
T S E T O R P U S Y T I C I L P M I S A
G C A V S F D F B A Z P U M F A I T H E
O R C F I A Y T A S Z U V M L E R C R P
W W S H D E T A N I S S A S S A Q A K G

ACTIVIST
AFRICA
ASSASSINATED
BELIEFS
BRITAIN
CIVIL
DEMOCRACY
DISOBEDIENCE
FAITH
FAST
FREEDOM
GENTLE
GREAT SOUL
IDEOLOGICAL
KIND
LAWYER
LEADER
LOVE
MAHATMA
MARTYR
MODEST
MOVEMENT
MUSLIM
NEHRU
NONVIOLENT
PACIFIST
PEACE
PHILOSOPHY
POLITICS
POVERTY
PRAYER
PRISON
PROTEST
RELIGION
RESISTANCE
RIGHTS
SALT MARCH
SATYA
SIMPLICITY
SPINNING
SPIRITUAL
TRUTH
VEGETARIAN
WISDOM
WRITER

Solution on page 120

Romantic Escape

L X R E N V N R M W U L C N D E S E F N
R K C E I D O P E T O S T A R S Y I O Y
D L C S L Y Y X D V N X B G N I C N A D
L A I E T A R B E L E C Y C E D M T N K
R T S C Z S T R O L L R R R R U L E F E
T O U M L A C I P O R T A O J W K E S S
K B M G N I D N O B O P S D C E X C S I
W I O A R Y A P G N S E R N E C A Q Y R
K S G V N Q N Q V N S D E W I P T C T P
R L U F E C A E P S I H V T E B W H V R
K A Z T G L E X L S G T I Y E M A O A U
X N K Z A D E T A W B N N P G Y L C H S
B D C V I X L P P N G O N A A A K O O U
N R I N R T P Q A B I T A D H Z S L T N
J R N R R E U N R T U A R H T C I A E S
Z E C H A I O Y A L H U T C F T N T L E
R X I R M U C L D E T G I N U I E E P T
J A P G H Q O F I A C Y I D U U D O I T
U I T R O S E R S R W O E L O O L M R L
D L F Q I W S T E K C I T S F E M O T Q

ANNIVERSARY
BONDING
CABIN
CANDLES
CELEBRATE
CHOCOLATE
COUPLE
DANCING
DINNER
DISAPPEAR
ELOPE
ENCHANTING
ESCAPE
EXCITING
FLIGHT
HOTEL
ISLAND
ISOLATION
LOVE
MARRIAGE
MOUNTAIN
MUSIC
OCEAN
PARADISE
PEACEFUL
PICNIC
QUIET
RELATIONSHIP
RESORT
ROMANCE
ROSES
SATURDAY
SOLITUDE
SPA
STARS
STROLL
SUNSET
SURPRISE
TALK
TICKETS
TRIP
TROPICAL
VISIT
WALKS
WEEKEND

Solution on page 120

Celestial Body

L E H S X W E O R S R R I N G S T A R S
I K T E L E S C O P E L P V N A W N Z A
Q G R E E N O Y A G Y M G O T T S Z M B
X S A R A L L E T S A A B M F U A A M N
L U E Y E V A C W R S S O N O R T Y N A
O M X W E T R I S E E S G X R N E L S N
O B O N Q W S J O R P I D I M E L F M O
G G U O O F Y U V H R L A P A C L P I L
I S H X N I S A E S E Y U F T N I H B L
U S S E A S T R O N O M Y T I E T V P L
B R P F D I E A U A I D I B O I E S S S
Q R A A O V M T T Z J I P L N C S U P R
G N G N C N P V W O R L D Q K S C H W E
E J A L U E E R D X R T L Y J Y E U V E
S C L E N S O N S E H S T Q P R W I F P
H M A G C G U W T G D I O R E T S A T Z
K N X F B O Y I I U V M V S A S R E Y O
R K Y G R X P L B A Q I L L A R G E A G
G J P Z U U M E R C U R Y M A N Y N Y P
B T A J J M S G O H B S Q T K I D P W S

ASTEROID
ASTRONOMY
ATMOSPHERE
EARTH
FAR
FORMATION
GALAXY
GAS GIANTS
GASEOUS
GRAVITY
GREEN
ICE
JUPITER
LARGE
LIFE
LIGHT
MANY
MARS
MASSIVE
MERCURY
MILKY WAY
MOONS
NASA
NEPTUNE
OBSERVATION
OCEAN
ORBITS
PLUTO
RINGS
ROTATION
ROUND
SATELLITES
SATURN
SCIENCE
SEA
SOLAR SYSTEM
SPACE
SPHERES
STARS
STELLAR
SURFACE
TELESCOPE
URANUS
VENUS
WORLD

Solution on page 120

Smells Fine

U D B A O I X P N Q K B N M T S T E Z K
D S M C J F R E S H R O R I C H U A O C
V O O D O R U P A Q G G L E H C D D R I
N Y S G E A N P C A Y F N R Q T U S B T
L H T W M C P E R I T T C I N N A M O N
C X O O X E G R N K T D L A C N D U P A
Y L R I A N A M C C S O S S D I Y A I M
F A S L F T W I K U H A X A U Q T R I O
V U I U E H P N R O E A L E M K R N Z R
T N S O L O X T C L F W N T I U R F E P
G D E H P F I L P A O S A T O P S S N E
S R V C M C A P V O X K F P I S Y K I J
K Y O T A N B O D Y L O T I O N P Z M H
N R L A S U E B V E D O E J S G G R S J
N V C P Q T S K O G P Y R E K A B P A X
J O I L S M T M S M O S S O L B V Q J Y
P C N L P E E U W L R E H T A E L O L T
E E F R A G R A N T O M A G R E B M R N
T T E H C A S L H S P L V E S G I P D Y
R I H Z C O F F E E S N E C N I H W L Z

AFTERSHAVE
AIR
ALCOHOL
APPEALING
AROMA
BAKERY
BERGAMOT
BLOSSOMS
BODY LOTION
CINNAMON
CITRUS
CLOVES
COFFEE
ENCHANTING
ENTICING
ESTERS
EXOTIC
FLOWER
FRAGRANT
FRESH
FRUIT
INCENSE
JASMINE
LAUNDRY
LEATHER
MUSK
NUTMEG
ODOR
OILS
PATCHOULI
PEPPERMINT
PLEASANT
POPCORN
POTPOURRI
RICH
ROMANTIC
SACHET
SAMPLE
SANDALWOOD
SAVORY
SCENT
SOAP
SPICE
SPRAY
TARRAGON

Solution on page 121

Aquarium

Y U Q N S M B F C M H L A R O C B H B U
P G W N L J T R S E N O T S E I E U G S
W T H L B Y Z B R K F N O I J T C M E I
G N A L Z A M N K G R S O D S O D A O V
K R L N L U K A S A W A J T G X W M C H
U E E B K J M W B I Q V H P T E I M Q X
E K S J U S S G M D A Y V S E E W A C Z
Q R E Z Z S U M E S O Z C D E Q R L Y L
J E L L Y F I S H K D O L P H I N S E Y
I T B E G N X S N C L E A N T S C S N D
Y A B J G T I W V O V H D U D T R E C N
V W U S U F C U R R I T R T B O T N P A
D T B G R Q C F X R E T A W H S E R F S
M L S A O E U Y F T L P A A E Q F A I P
Z A T N B L T N A E C O E R L B I C S M
Q S R G A C D L S F Z S O B O G L D H U
H M K I L I K F I U T R O P I C A L F P
U X S T N A L P I F S J Z V A Z E E O T
E E Z K Q E S S J S T H G I L J J D O V
B U G L Z S J S H T H S R U X J Z R D J

AIR
ALGAE
BUBBLES
CLEAN
COLORFUL
CORAL
DECORATIONS
DOLPHINS
EXOTIC
FILTERS
FISH FOOD
FRESHWATER
GLASS
GOLDFISH
HOME
HOOD
JELLYFISH
LIFE
LIGHTS
MAMMALS
MARINE
NET
OCEAN
OTTERS
PLANTS
PUMPS
ROCKS
SALTWATER
SAND
SEAHORSE
SEAWEED
SHARKS
SNAILS
SPECIES
STARFISH
STONES
SWIMMING
TANKS
TROPICAL
TURTLES
WHALES
ZOO

Solution on page 121

Get Motivated

L U R R E W A R D J B P S T I M U L U S
E J G Q V V S F F B O L E B N C O A C H
A O G P R A I S E S S X K V F G B I A C
D M I N C E N T I V E R D A L J E C C L
E K B O B A X T O R L K E E U D H O M H
R C I I H Q I B C M F A I G E A S S S D
K P V T T V V I Y H J L A T N N A U I M
P X I A E I S G J I F N E G C U P X M B
S A D C M E O R Q A N R E P E K H B I P
T L Y U L A U N M B M S D E S I R E T L
E E T D L N O I T I T E P M O C L L P A
I V N E I O L R N E D E D I C A T I O N
O Z E V W Y F A Z E N C O U R A G E C N
G W T I E N T H U S I A S M T A B F O H
Y X N T H I X Y G R E N E M E I T I S J
D F I I O C F H E Q E C S R X U T I V X
Z O J N Y P A W T N A W U Z T C N T O R
Y Q M G R X O T G F O T A P A I J J A N
L B T O I P I K C B U M C H F O C U S Z
Y S D C Q Y G M Z F G P K U G G Z X G Z

ACHIEVE
ACTION
AMBITION
ATTITUDE
BELIEF
CAUSES
CHANGE
COACH
COGNITIVE
COMPETITION
DEDICATION
DESIRE
DETERMINATION
EDUCATION
ENCOURAGE
ENERGY
ENTHUSIASM
EXERCISE
FAMILY
FINISH
FOCUS
FUTURE
GOAL
HUNGER
INCENTIVE
INFLUENCE
INSPIRATION
INTENT
LEADER
MONEY
MOTIVE
NEED
OPTIMISM
PLAN
POSITIVE
POWER
PRAISE
PROD
PUSH
REWARD
SELF
SOCIAL
STIMULUS
WANT
WILL

Solution on page 121

Tea Party

G I Z O L S A P E Z G I N S E N G E G I
Q T S E U A K E E M U N N L Q B D J T Z
N T S D F O P B T T W O D K N E E R G A
O U C A R E R S E D W E C Z G N O L O O
T V I A F W L A A B E A R L G R E Y Y B
P F P A S K B L U N L C F L O Q T N V M
I Z O Z F A A D R B G P I J S L W S N A
L R R J G C B E N C M S O W F A H C S M
W L T S S G V L R V H Q O A T B I Y O L
K L E M Y L U H A B I A G U U R T U N E
D L T W I Z O N R N H Q G Q C E E N G L
G M I S N J O E P C C S N S K H M N Y F
C C H M I O A H I O U A I R E H O A A G
U T W C Z K G K S S W P L R N G N N N O
X B H N F G U A C U A D E H I U K G G S
R A U A H K D E R P G U E D E M E O E P
E X S T I G N M A D W A J R F G Y L U Q
Y T O Z A T P G Y O K U R O F N L D N B
N O L Y E C E S E N C H A G A O M P Q E
R D G D O R E A R R W E D E C I P S Z F

BLACK
CAFFEINE
CASABLANCA
CEYLON
CUP
DARJEELING
DRAGONWELL
EARL GREY
ENGLISH BREAKFAST
GINSENG
GREEN
GUNPOWDER
GYOKURO
HERBAL
HOJICHA
ICED TEA
IRISH BREAKFAST
KEEMUN
KUKICHA
LAPSANG SOUCHONG
LIPTON
MAMBO
MILK
OOLONG
SCENTED
SENCHA
SILVER NEEDLE
SNOWBUD
SONG YANG
SPICED
SUGAR
TAZO
TEA BAGS
THAI TEA
WHITE MONKEY
WHITE TROPICS
YUNNAN GOLD

Solution on page 121

Autumn

Z W O C L G X D P C S N O S A E S T J P
P S T G F N N Z D N Y C L L A Q F I B S
I F H P Q O S I R S T N S S L U Q U D P
C E A R U Q L O K O T W T M L I N R Y R
O A N L U M C I B A E E Q Y E N U F E I
A S K A L A P E A A R Y A D R O B A L N
Z T S D B I R K T G P E R Z G X J M L G
X H G E W J N E I B E A U T I F U L O J
A T I N N O R G D N A L G N E W E N W T
O G V L I S R J L I S A S B S H W S R M
O Q I U A M F C D E C I D U O U S E N R
Z Q N L R N O E E F A E R E Q Y E P O C
B G G F L O N C S R X V L K R S P T V O
P U N O S A E S E T A R E P M E T E E O
S O A S T G B H L M I C D S P T P M M L
B T B U N U T T O A O V S O G A A B B I
L B R A D A T S O R F H A L L O W E E N
K E R F E B Q N H O J Y L L I H C R R G
N O P W J V B O C K F S O L S T I C E X
E L N T J J E W S H M A Y C W E P J H N

ACORNS
ALLERGIES
APPLE CIDER
ASTER
BEAUTIFUL
CHILLY
COOLING
DECIDUOUS
EQUINOX
FALLING LEAVES
FEAST
FESTIVALS
FLU
FOLIAGE
FOOTBALL
FROST
FRUIT
GOURDS
HALLOWEEN
HOMECOMING
LABOR DAY
NATURE
NEW ENGLAND
NOVEMBER
OCTOBER
ORANGE
PRETTY
PUMPKINS
RAIN
RAKING
RED
SCARECROW
SCHOOL
SEASONS
SEPTEMBER
SNOW
SOLSTICE
SPRING
SQUASH
SWEATERS
TEMPERATE SEASON
THANKSGIVING
TREES
WEATHER
YELLOW

Solution on page 121

Vacation Time

E T S Z B B C N I D S T R O S E R W T A
S S I G H T S E E I N G R G N I K C A P
J S A M S A R E M A C U T O M K A W S E
H K K C E Q J A P I R H O O P M L K E C
S S I Y T S L J V P I R T R P I R S T Z
N D A O D I H O L E B E I I G A C Y I G
O P U R B I U A O I L S N R P P R A S B
R R I T X E V S R P C G J L A C M G L E
K V E G N I K I H E G J A U S R R A A I
E N T E R T A I N M E N T M R U V S C Y
L B I C Y C L I N G O O I E E I N T I B
I P I C N I C T S I M E S M N S X R R G
N J G X D R I U T O B T B R M E E O O R
G F N N O S Q A B G A E A K K I R P T G
N R I U I N N I K U L C A N E P W S S O
I I T V I G L C R E D I T C A R D S I C
I E A M V E D A T M B N N K H Q S A H K
K N O S J O N O U O E R U S A E L P F W
S D B U S T H Y L I M A F O O D E R A R
F S E D I R B R I Q W P V W E R N U Q E

AUTOMOBILE
BEACH
BICYCLING
BOATING
BUS
CAMERA
CAMPGROUND
CAMPING
CARNIVAL
CREDIT CARDS
CRUISE
DRIVE
ENTERTAINMENT
FAMILY
FOOD
FRIENDS
HIKING
HISTORICAL SITES
HOTEL
LODGING
MOTEL
NATIONAL PARKS
PACKING
PASSPORT
PICNIC
PLEASURE
RESORTS
RESTAURANT
RIDES
SCENIC ROUTE
SIGHTSEEING
SKIING
SKYDIVING
SNORKELING
SPA
SUITCASE
SUN
SWIMMING POOL
TAN
TIMESHARE
TOUR
TRAVEL GAMES
TRIP
TROPICAL
VISIT

Solution on page 121

Central Park

E S S E X H O U S E G N I K L A W U U Z
K B H J N S C I N C I P E D I C A B S S
B E A U T I F U L Y M T N O H T A R A M
R G K R A M D N A L C I R O T S I H N E
E N E D R A G Y R O T A V R E S N O C R
L I S B E L V E D E R E C A S T L E T U
A N P N K P N O I T A E R C E R Q N U T
X N E E R G E H T N O N R E V A T T A A
B U A R X S L A V I T S E F A W T E R N
B R R D U S J A S C Y L B M W B K R Y S
S D E L A C O R T E T H E A T E R T O L
H N F I V U G I R S I F N N S R A A Y I
T U E H T L G O E K C L C H I R P I F A
A O S C R P E V C A K S H A R Y N N L R
P R T I E T R R N T R T E T U F A M O T
O G I L V U S E O I O R S T O I B E W R
N Y V B L R C S C N Y O W A T E R N E E
D A A U A E O E R G W P Z N G L U T R E
S L L P C S N R W Q E S B R I D G E S S
L P G R E A T L A W N L A K E S D R I B

BEAUTIFUL
BELVEDERE CASTLE
BENCHES
BIRDS
BRIDGES
CALVERT VAUX
CHILDREN
CONCERTS
CONSERVATORY GARDEN
DELACORTE THEATER
ENTERTAINMENT
ESSEX HOUSE
FESTIVALS
FLOWERS
GREAT LAWN
HISTORIC LANDMARK
ICE SKATING
JOGGERS
LAKES
MANHATTAN
MARATHON
NATURE
NEW YORK CITY
PATHS
PEDICABS
PICNICS
PLAYGROUND
PONDS
PUBLIC
RECREATION
RELAX
RESERVOIR
RUNNING
SANCTUARY
SCULPTURES
SHAKESPEARE FESTIVAL
SPORTS
STRAWBERRY FIELDS
TAVERN ON THE GREEN
TOURIST
TRAILS
TREES
URBAN PARK
WALKING
ZOO

Solution on page 122

Casual Clothing

L G H C Z I Y S E N R J C B A B H B Q E
Z H K S S I M Q J A X K O V U C D C O Y
L V U M H K O A R V E S T T A N K L U S
O R O J E I O N J C O N T O U R E D T Z
S E K E N E R R S K A O O K P G I R A Y
S R G V U A W T T I N R N M G S O A S Q
Z X W U C O M F Y S Y I D I C H S W U Q
J E V E E L S L L V T A N I S H K C G S
R D N B W C A T I F X G T R G L W O D Q
S V V E D R E S S E S S L U N A H R X E
F I V L U I F E H J A C K E T Y N D P H
B H T T A F C O L L U P O C K E T S M P
B L A Z E R O O E F Z M S C I R B A F O
F N N O O D U F L B A C T I V E P X L R
F P X P I N P A R W T G R M T D S J L Z
W I S E G S R N B T U N I C S N A E J W
Y S M E M E I A Y U H N K P S K R A E W
Y G J Z C B N L N W E G S T N A P N L T
V S F R X E T I K D G Y I I R C R S U Y
X O C F J S E A S Y P B R L M S U A R J

ACTIVE
BELT
BLAZER
BUTTON
CARDIGAN
COMFY
CONTOURED
COTTON
CROPS
DENIM
DRAWCORD
DRESSES
EASY
ELASTIC
FABRIC
FIT
FLARE
FLEECE
HOODIE
JACKET
JEANS
KNIT
LAYERED
LEGGINGS
LIGHT
LOUNGE
NATURAL
PANTS
POCKETS
PRINT
ROOMY
SHIRT
SHORTS
SILKY
SKIRTS
SKORTS
SLEEVE
STYLISH
TANK
TEES
TOPS
TUNICS
VEST
WEAR
WRAP

Solution on page 122

Virtuous

I Y L Q O W D L I L A F D I B E Z X K L
F C H A G S D F M U L T Q Y C Z N Y O U
Q C H T G N E R T S F F T X O O Y T Y V
J T U A A Z I O E O U U L G U B V S O G
D C H C N P N R R P A C Y C R E M E W E
V D L A E O M G A E O F O B A L A N C E
N Z A S M X I E B C S R S F G I B O U V
F C R Y E V L S D Z E P P H E E I H C O
D Z I S E Z J T S F H C E D Q F L H W L
X U D N O E J E X A O L N C I S I Y X L
F Y E M N M T J T I P P O E T B T T A Q
Y S A J O H I U S R E M F M I M Y I D E
S T L Y I J S S E N D O O G O T Y R W Z
L P I C T U C T U E Y E R C I D A U F P
O E S L U H B I L S O T T L G C E P D H
Y C M X A U B C A S Z K I N D N E S S L
A F V R C R G E V H L M T L H T U R T M
L A I C O S O V M Z U K U C A N D O R Y
T T W I S D O M D H V A D M G U N D M B
Y A Q J Q P R U D E N C E Z G E Q Z C F

ABILITY
AUTONOMY
BALANCE
BEAUTY
BELIEFS
CANDOR
CARING
CAUTION
CHARITY
COMPASSION
COURAGE
EMPATHY
ETHICS
FAIRNESS
FOCUS
FORGIVENESS
FORTITUDE
GOODNESS
HONESTY
HOPE
HUMILITY
IDEALISM
JUSTICE
KINDNESS
LOVE
LOYALTY
MERCY
MODESTY
MORALITY
PATIENCE
PROPER
PRUDENCE
PURITY
QUALITY
RESPECT
SOCIAL
STRENGTH
TRUTH
VALUES
WISDOM

Solution on page 122

Gardening

B U T S N W C L R V N K E R O O D N I N
E W W R J T I O P Y A Z A T R I U M S P
T O R G R O W I N G P L A N T S X F S F
E S Q K S S I U Q X J S A O C S B R E H
E T H Y D E S I G N Y M E L N J E U H M
I A A P R E R W J U E G W I L Z P I L M
V R R V Q O K U C N A C G N I R E T A W
E T V Y I K T U T I J N Q L O S K S P Z
G K E L J T D A L L I U I D U D N O P E
E P S R V O L O V P U T U O C I L W E X
T D T S Y P F U A R R C H P K A G V A P
A U R B L V T C C E E N I D I G Y P R L
B D M A X O S J F S E S U T D K B Y A O
L E N R Y D O P M E E S N R R C B C N T
E T E P N R I T R Q P E R O S O O S C S
S O I A G R N G D H D E R E C E H P E P
A P L A N T I N G I M A S T W R R E I B
B D N Y M J D H S R O O D T U O D Y J N
G I M W S D E E W N H B D B S S L X M U
C K U J G A R D E N S S S P A D E F K X

APPEARANCE
ATRIUM
BEE
CONSERVATORY
CULTIVATE
DESIGN
DIG
FERTILIZERS
FLOWERS
FOLIAGE
FRUITS
GARDENS
GREENHOUSE
GROWING PLANTS
HARVEST
HERBS
HOBBY
HORTICULTURE
HOSE
INDOOR
LANDSCAPING
LAWNS
NURSERY
ORGANIC
ORNAMENTAL PLANTS
OUTDOORS
PESTS
PLANTING
PLOT
PRODUCE
RESIDENTIAL
ROWS
SEEDS
SHRUBS
SOIL
SPADE
TOOLS
TREES
VEGETABLES
WATERING CAN
WEEDS
YARD

Solution on page 122

Very Good

W P H E N C O U R A G E L B A N E M A D
G A L M N T H O U G H T F U L I S T E N
R T Q E V O L U N T E E R E L I A B L E
A I L E A E T I O T B P E L U J P M B I
T E L S M S T C H Q R P W B F L T W A R
E N T O Z E E A O I V Y A A T Q G S I F
F T D I E T N C N N Z Z R I C M B U C C
U E T R L K R C O O S X D M E S O P O U
L D G E Y O I U R U I I D A P R Y P S K
U N I O U P P K S E R S D O S E S O X O
F A U P L Q A P T T L T S E E N C R E S
W H U E L J I I U G W B E A R N O T S O
A E D Y Y O N T D O M O A O P A U I C T
L S E B K H M X E V W L R E U M T V V A
I I R E L E G A N T T A E T K S O E N L
V A U C I T E H T A P M Y S H I E C I N
I R T U O C S L R I G V L K I Y L Y Z M
C E L T N E G B J J C O R D I A L I I O
A S U E R W O B E D I E N T Q N R L R B
F A C W V Y H L I U F L N A I G D P A H

ALTAR BOY
AMENABLE
AMIABLE
BOY SCOUT
CIVIL
COMPASSIONATE
CONSIDERATE
CORDIAL
COURTEOUS
CULTURED
DIPLOMATIC
ELEGANT
ENCOURAGE
ETIQUETTE
FRIEND
GENTLE
GIRL SCOUT
GRATEFUL
GREETING
HONOR STUDENT
KIND
LAWFUL
LIKEABLE
LISTEN
MANNERS
MILD
NICE
OBEDIENT
PATIENT
PLEASE
POLITE
PRAISE
PRINCIPLED
RAISE HAND
RELIABLE
RESPECTFUL
REWARD
ROLE MODEL
SOCIABLE
SUPPORTIVE
SYMPATHETIC
THANK YOU
THOUGHTFUL
TRUSTWORTHY
VOLUNTEER

Solution on page 122

Calligraphy

J F L U F F O N T S T N E M U C O D Y S
E E O G Q I Y T P I R C S U N A M L E L
C T Y P O G R A P H Y E Y Y G E X M A L
N G R D T T R E S A T F T T V G A N T I
S N S J E T H I S N K T X C O N C W O K
J I E T I L R I A D Z N E J A I O Z Y S
H W W S Y U I G C W L E T T E R S P N N
K A T K O L E C K R V M S N D E A O K O
Z R P L I L E J A I M H T S A T I H E I
R D F I E N T S E T A C I F I T R E C T
N G E K H R K S K I E R N F P E E V I A
J N S C B S E B T N C A M I X L P D T T
R I B P O N N T R G W P R P B Y A T C I
J N L F I R N A I U T C R N H C P E A V
V I A H E A A P M M S E S A B N T B R N
E A C B M U T T A N S H R I G A V A P I
V R K O E S N G I S E D H S L F I H B V
O T R A L A U S I V I P L A I C E P S H
Q D E Q H Z T V H B E A U T I F U L L Z
X E V I T A E R C T S E G A U G N A L W

ALPHABET
ANCIENT
ARTIST
ASIAN
BEAUTIFUL
BLACK
CERTIFICATES
CHARACTERS
CHINESE
CREATIVE
DECORATIVE
DELICATE
DESIGNS
DOCUMENTS
DRAWING
ELEGANT
EXPRESSIVE
FANCY LETTERING
FLOURISH
FONTS
GOTHIC
HANDWRITING
HARD
INK BRUSH
INSCRIPTIONS
INVITATIONS
LANGUAGE
LETTERS
MANUSCRIPT
NAMES
NIB
PAPER
PARCHMENT
PENMANSHIP
PRACTICE
ROMAN
SERIF
SKILL
SPECIAL
STYLES
TEXT
TRAINING
TYPOGRAPHY
VISUAL ART
WORDS

Solution on page 122

Deep in the Forest

W Y U Y V G D E X G U P R N W G A W N C
Y M O X R P T V D N M C A R A B B I T S
X X O U N R H R D I I F G C D N A L C O
L N W K A R V E C P U H U W Z P J D W M
S N O I T E R S Q M E C O L O G Y L S H
A X L L U B A E D A B D C R N T S I U J
T G V F R M I R V C A G C I R F R F C L
R L E U E I N P T E T U T E E E I E R V
C O S B A T F B M H P N E C A S V R E L
K H S M F S O L Y I U S B E H E Y O E D
I N Q K W S R U N H L E S I R A R L R N
V S U F O M E E B K A J N G R T O G I G
S S Q M A Z S S K V J G R A I G K T F P
W K B U P P T P E C S E N P G G C A A R
U U S U I I E R Y J E G R I S D I T O B
Q N B I R R H U S N E P N E Z T H I V M
O K J K X H R C T R E G D A B S N B H K
H T R C O N S E R V A T I O N M I A K R
U P P I F E M E L G N U J A O E U H L A
F D H Y T I S R E V I D O I B W I L E P

BADGER
BEAVER
BIODIVERSITY
BLUE SPRUCE
CAMPING
CHIPMUNK
CONSERVATION
COUGAR
DEER
ECOLOGY
ELK
EVERGREEN
FIRE
FISHING
FOX
GROVE
HABITAT
HICKORY
HUNTING
JUNGLE
LAND
LOGGING
LUMBER
MEADOW
NATURE
OAK TREE
OWLS
PARK
PATH
PLANTS
PORCUPINE
PRESERVE
RABBITS
RAINFOREST
RANGER
SHRUBS
SKUNK
SQUIRREL
TIMBER
TRAIL
TREES
UNDERBRUSH
WILDLIFE
WOLVES
WOODPECKERS

Solution on page 123

Candles

W D R G Q Y D F L I C K E R Y V Y K E T
G E E H O L D E R S A I N P H P Z F R R
B V Y R L T V H T A R R A E M E L Q E E
W R A J O M F G A N G R B M J A R D H F
X A R B F L E Y E R E R F A M T L O P F
T C P H E L O L H H M C A E L O Z G S U
T I E A V O O C T Q A U S N H E O N O N
I S X N I T R A V O T I V E C F D I M S
J Z W U T Y M N T N C C L H T E I N T N
A F T K A O N D S I H D A X A X T R A W
U B A K R P A L K R N N H D P R P U E C
B J I A O E I E I A D G V C E A L B X C
M W W H C K U S C E L E C T R I C I T Y
T Z O B E O T T L O N I E A G U K C I W
U W Q E D M L I W T T A F H N Z H P N E
T W I E A S E C W N L F T X A D I C G K
G L A S S R A K A I I I B Y F L L F U I
C P N W N U M M G N N T A L L O W E I V
D X T A M W O H J G Y Q L A I C E P S G
A C D X D R T K N R E M R A W N I G H T

ADVENT
AROMATHERAPY
ATMOSPHERE
BEESWAX
BURNING
CANDELABRA
CANDLEHOLDER
CANDLESTICK
CARVED
CHANDELIER
CHRISTMAS
CHURCH
COLORED
DECORATIVE
ELECTRICITY
EXTINGUISH
FIRE
FLAMES
FLICKER
FLOATING CANDLE
FRAGRANCE
GLASS
GLOW
HANUKKAH
HEAT
HOLDERS
JAR
LIGHTING
MATCH
MELT
NIGHT
PARAFFIN
PILLAR
PRAYER
ROMANTIC
SCENTED
SMOKE
SNUFFER
SPECIAL
TALLOW
TAPER
TEA LIGHT
VOTIVE
WARMER
WICK

Solution on page 123

Fun Toys

F M F T P Z D B U S Q U I R T G U N S S
H X A S O Q M M E J A C K S S N X B U E
B M L R T H F S Z S N R D N E T E R P R
I X E C B O A T K I D S O I M S S U E U
C S W Y L L B S D C E M P A A R C M R G
Y T A A S I E O O J O S I R G E O O S I
C H R D L T M S R C I L Z T O T O X O F
L G C I I I E V G L K A B X E P T E A N
E I Q L N P E L L O Y M Q C D O E S K O
E L R O K A M Y B A L I O Q I C R P E I
Y S E H Y D P D D A V N Y N V I Q E R T
Y S U C N U B H V C T A L H K L Y A M C
B T E U T A T G P R P H O O J E P K R A
R E F T W R W O O A C S P Q C H Y E L V
O P Y I I T O L V T S U O M N N A R E T
B P D B G H Z N A R W L N J Y T I S G Y
N U L C A R R W I Y I P O D I S L L O D
U P I L V A Y R K C D D M V T G C B K B
A H U L E P A A D P P R E S E N T K A L
F H B L S C R A B B L E B C R T E I G H

ACTION FIGURES
BICYCLE
BIRTHDAY
BLOCKS
BOAT
BUILD
CAR
CREATIVE
DOLLS
DOMINOES
ELECTRONIC
FUN
GIFT
HELICOPTERS
HOLIDAY
HULA HOOP
IPAD
IPOD
JACKS
KIDS
LEARN
LEGO
LIGHTS
LINCOLN LOGS
MARBLES
MONOPOLY
PLUSH ANIMALS
PRESENT
PRETEND
PUPPETS
REMOTE CONTROL
RIDE
ROBOTS
SCOOTER
SCRABBLE
SILLY PUTTY
SLINKY
SOCK MONKEY
SPEAKERS
SPY WATCH
SQUIRT GUNS
SUPER SOAKER
TABLET
TRAINS
VIDEO GAMES

Solution on page 123

Bonsai Cultivation

C L J D H T C E W J V R E I G O K S Y U
K P G L P P R U N I N G C N S B L Y U L
X Y Y O F V T S B M C O I N Z O W D B L
K D P C Y Y C L O N X P I E O J H S E N
P S S P O E W T S M A L L T R E E R E Z
N M C I L R V V S H R U B I R U O P S E
F R R I D A T Z S G P L C O Q O O E C S
V O G G T C N Q P G U I Y I D T P W K E
F F W A Y E P T L F J J N T T A G O F N
C A I R N C H E I G O H U E C S N E R A
Z H R D O S O T R N C O D S D Y I H T P
L E I E A O U N S E G H D H B M T T Y A
B G N N G A D R T E N N V B F M F W R J
A R G C E P R N C A A N O I Y E A O O A
R E E B Q S E T I L I H I R A T R R T F
K E L P E G E N F N B N E A A R G G S T
A N T V I I W V J O J S E S L Y U J I R
P S A A G N I M M I R T T R O O F M H E
S E K I W N U V E U N M V X G I L I A E
L Y B M I E M J N E B G K R S E L Y T S

AESTHETICS
AGE
ART FORM
ARTISTIC
ASYMMETRY
BARK
BEAUTIFUL
CARE
CHINESE
CONTAINER
FORMS
GARDEN
GRAFTING
GREEN
GROWTH
HISTORY
HOBBY
INDOOR
JAPANESE
JUNIPER
LANDSCAPES
LEAVES
NURSERY
OLD
OUTDOOR
PENJING
PERENNIAL
PINE
PLANTING
POTTED
PROPORTION
PRUNING
SAMURAI
SHAPING
SHRUB
SMALL TREE
SOIL
STYLES
TECHNIQUES
TOOLS
TREES
TRIMMING
WATER
WIRING
ZEN

Solution on page 123

Time Passes

F F A L L V O F Z E S D A Y A M S B E F
L A I D N U S Q S R D J E M O N T H V L
S H I N O I T A R E N E G C W U R Z F N
E N U J A N U A R Y A T C H A K I A C O
L D V D P N D W E M H Q L R L D K V D I
T I M E R J C M H E S T O O L B E K H S
O T P Z I J M I T T H G I N T R O F O I
T X J U L Y Q L A D H R C O E T H L U C
I Q S Y F O G L F L Z H A M A B A T R E
F A D Y J B I E D T Y Z H E B R G I S R
K E N R T E L N N G T E B T Y C Q I A P
M K O U H I O N A M N M A E I P M F B J
R K C T I T F I R Z R Z A R L R A A R B
I W E N N D T U G E S R T K E P B E O W
L L S E P T E M B E R C O M O B B X L S
M B M C S B R M T F E E M R J M O E K E
J O U U G A E U I L W U I R E W O T G A
M G G R L V N E E E S E C C N T E I C S
B U M A O I H M T B J F E B R U A R Y O
A D L N M L A T I G I D E K W W F W S N

ALARM
APRIL
ATOMIC
AUGUST
BEAT
BIG BEN
CENTURY
CHRONOMETER
DAY
DECADE
DECEMBER
DIGITAL
ELECTRIC
FALL
FEBRUARY
FINANCIAL YEAR
FORTNIGHT
GENERATION
GRANDFATHER
HANDS
HOURS
JANUARY
JULY
JUNE
LEAP YEAR
MAY
MILLENNIUM
MINUTES
MOMENT
MONTH
NOVEMBER
OCTOBER
PRECISION
SEASON
SECONDS
SEPTEMBER
SOLAR YEAR
STRIKE
SUMMER
SUNDIAL
TIMER
TOWER
WALL
WATER
WEEK

Solution on page 123

Numismatics

T B I M R B D O Z X O F J M M L U J Q H
Y S J Q X Q T P O T G U M D R D A E W Z
W X D Z I B J R E T R A U Q K G N L Q K
E D L E L X I R O N P X V A R I E T Y K
K X T E U T E R C I N J E C V G W J O C
S E O C H T N G N U M I S M A T I C S E
I J M O O B W V W H R I E L L B J H B N
L J J R R U E K D O D R T S U B J E C T
V G X J L S N E H A P E E Y E I A P I I
E U Q I T N A T P R N E T N R N R Y C E
R W Y M Z L S F R D J P R A C O Y T E P
N S E S E C R T E Y G Y B I L Y T T N J
H N A R Z O O R C N B C E G O U A S O V
T I R W T P W M I B U N S N J D C S I B
O O B B G P L D O X T D M I G A M R T H
K C E Z R E A H U I G S U D T I A Y I X
E R T A E R T O S U Q K B A U N E H D C
N L R H G O E L I Z K O L R Z N I R N U
S E H C C L M D G U T O A T O F M M O D
G C P R I C E Q A F G B V M J C O C C F

ALBUMS
ANCIENT
ANTIQUE
BOOKS
CATALOG
CENT
CIRCULATED
COINS
CONDITION
COPPER
COUNTRY
CURRENCY
DATE
DEALER
EAGLE
FOREIGN
GRADING
GUIDE
HISTORY
HOARD
HOBBY
INVESTMENT
LEGAL TENDER
METAL
MINT
MONEY
NUMISMATICS
OLD
PENNIES
PERIOD
PRECIOUS
PRICE
QUARTER
RARE
SILVER
SUBJECT
TOKENS
TRADING
TYPE
VALUE
VARIETY
YEAR

Solution on page 123

Oil Painting

I S B J M Y I G X W N C B L E N D U X N
U T A J N Q P L B N D S O K X B J V R X
T I S T B G M D R O A A O I D U T S F E
A R E Q O I L E O N A R D O M U E S U M
L I A P C O D W A L T L I A T E D A Y A
V P O S A O C O I S A K H O V F I V C R
F S K B M C I N W A L N U T O I L N J F
M L V T L L S L H I S T O R Y L N A I P
H A A T J E O D P S I D G I N L V C A C
K R N Y E S C E N A R M E N T L B L I O
K E G D S R P N R A I O M Z I I E B G T
V N O E A O M T A X L N I V U T D O A Z
P I G L R L R S N S Y A T E T S N A N T
L M H U E O T U B E S L V E R R J I R P
E E E F P C G S E U Q I N H C E T Z A T
S D I R M A R T I S T S A I K K Y D E P
A I S K E T C H L A V A R N I S H A U F
E U U M T P K Z E B R U S H E S Y T L Y
X M S O A S A R V R F R E M B R A N D T
F R S Q Z W C P G T C O J D D S N O Z N

ARTISTS
BASE
BLEND
BRUSHES
CANVAS
COLORS
CREATIVE
DA VINCI
DETAIL
DRY
EASEL
EUROPE
FRAME
GESSO
HISTORY
LANDSCAPE
LAYER
LEONARDO
LINSEED OIL
MEDIUM
MINERAL SPIRITS
MODERN
MONA LISA
MUSEUM
OIL PAINT
OLD
PAINTING
PALETTE
PAPER
PORTRAIT
REMBRANDT
RENAISSANCE
SKETCH
STILL LIFE
STROKE
STUDIO
TECHNIQUES
TEMPERA
TIME
TRADITIONAL
TUBES
VAN GOGH
VARNISH
WALNUT OIL
WOOD

Solution on page 124

Fun with Kids

W D R C O K Y A H P H X G N B W B W F A
J N F Q I K Q G W W V D Z L K E U H L H
J R G Q G X F C Q T N W Q C F E A M X E
S L I Y H Z W S P B L Z G R T E H C R P
G H R I Q E K Z M O M M Y A D I L O H B
T A T S U O M O Y Y D T E F D N L L Z R
S M T Y A J Q A U R I R O T X P V Z Z W
I P R X S P L X A T C Z N Y X H L J L K
K A J U M P J W H I S T L E S L R L N L
Y H P Z G U I V H I D I N G L V A C I F
X W N W M N B C Y D D A D A E B W O R G
X B I R G M I L N P K O B E E N O M N M
C R E G W L K M T I U K I S P P K I T E
T R E C X S E W M N C S A Z O O D C E B
B O Q Q L S S C D I E B S I V N I B V G
L Z R L A I E U K L W M I E E W R O L Y
X B O H G D M Z B N W S W T R R T O D U
N D C P I N E B V W U B E O R D N K V Y
W M E L Z Z U P W Y K R A P N E M S A E
P A S D H B W F X O P I K S J S E I D V

BASEBALL
BEACH
BIKES
BUBBLES
CHASE
CLIMB
COMIC BOOKS
CRAFT
CREATE
DADDY
DIRT
DOLLS
DRAW
DRESS UP
EXPLORE
FUN
GROW
HIDING
HOLIDAY
JUMP
KICKBALL
KITE
MOMMY
MUD
OUTSIDE
PARK
PICNIC
PLAY
PRETENDING
PUZZLE
RUN
SKIP
SLEEPOVER
SLIDE
SNOWMEN
SWIMMING
TOYS
TREE
WHISTLES
ZOO

Solution on page 124

Greeting Card

P C L A I C E P S M A M N O I T O M E T
C H G W L L P E Z X U O E S I C W B O D
I L O D B S A M T S I R H C O Q P V E K
E I G T Q S R U I T U Y S M N H M T X N
G G L D O E W C A T N L M O O A A F P D
Y A A N T E A R C N D U I R I R T I R N
T R A S D L B I U Y N T F N T E S G E P
M L A D S E P F S I A O D S A N C Y S J
C E I N L E K G C U Y U U M R G S E S R
C N D E Q A M A D A S L D N O I O N I Y
G B C I C K T A H T L B R O C S C I O B
O F B R O I R B R I I N O U E E E T N A
K G V F O G N Y L G G D M R D D M N G B
A D K N A L B O L H A N U K K A H E K I
M D H F H M L I R L N T H A N K S L N R
P A D O D Y T A E T A P E R S O N A L T
E J I R N T S F M N C L W A R E C V R H
X T L L E W T E G S J E G R V V V Z M T
P X O R S S F I E N V E L O P E V E N T
E F O N O I S A C C O R L E C J L L A F

ADDRESS
ANNOUNCEMENT
ART
BABY
BIRTH
BLANK
CELEBRATION
CHRISTMAS
COMMUNICATION
DECORATION
DESIGN
EASTER
ELECTRONIC
EMOTION
ENVELOPE
EVENT
EXPRESSION
FRIENDS
FUNNY
GET WELL
GIFT
GLITTER
GRADUATION
HANUKKAH
HUMOR
ILLUSTRATED
INDUSTRY
LOVE
MAIL
MESSAGE
MUSICAL
NOTE
OCCASION
PERSONAL
PHOTO
PICTURE
SEASONAL
SEND
SIGNATURE
SMALL
SPECIAL
STAMP
THANKS
VALENTINE
WEDDING

Solution on page 124

Easy Jog

J V E B L O F E W A R M Q F O M W Q E J
H H C M G F M O E C N E T E G B F N H L
T F E A H D L F M O R N I N G T E D U A
T B X Z M S P R I R V C I B O R E A K S
K G U Z H K H Q T P O N A O G E O K A T
A J D U E C P O P A I F D Y T X L A G N
B K H C L O B R E A T H E E O E L G O Q
M B L A F S A R R S W A T E R E Y H D A
S Y P U O N U T E D I R T S I I T S D B
K S T R E T C H H N X B I S N A T R P O
G S Z K S F O U S L U D U O R P R T O G
W S X O H V H M A Y E R I A H S E R F T
A H P P O T U Z D W E T M L S P A A I S
D A O R A S W V A L A S I T A L D E T Z
O K Z P I R R L Y E W X E C V P M H N T
W Y P C M N K S R E K A E N S P I W E W
N D I M Q V T C A R D I O G L O L R S V
S Y N X A G E T N Y Q Z E Q B E L Z S W
X F Q R K R O U T E D L W H I G Y L G Y
O U W X A D C T I I Z A U I E D U P S Y

AEROBIC
ATHLETIC
BREATHE
CARDIO
CRAMP
DASH
DOG
ENERGY
EXERT
FITNESS
FORM
FRESH AIR
HEART
LAPS
LEGS
LEISURELY
MARATHON
MORNING
MUSIC
PACE
PARK
PATH
POSTURE
RECREATION
ROAD
ROUTE
RUN
SHOES
SIDEWALK
SLOW
SNEAKERS
SOCKS
SPRINT
STEADY
STRETCH
STRIDE
SWEAT
TIME
TIRED
TRAINING
TREADMILL
TROT
WARM
WATER

Solution on page 124

Buddhism

J A S H O K A K V T A N T R A H O N P K
S N Z T S F O L L O W E R S F E I L E B
U I J R W N O I G I L E R E N R J P E N
F R A I Y P L U F E C A E P T E M P L E
F V T B H T H E R A V A D A V S H T S V
E A D E V O T I O N E Z S A M S A R A P
R N A R H T A P D L O F T H G I E E R C
I A L V S S O E S Q R B G S T E N E T E
N M U I T P T H T A P E L D D I M S U R
G A E V G T I A X A S E S E N I H C S E
X S I D D H A R T H A G A U T A M A L M
Y I Z X I A T S I U N M N M S R N O S O
X A W D F T E E I T E T A I R O U Z V N
A N A Y A H A M N H U X L L H A R T E I
B U D D H I S T S M D A B N I C H P H E
Y G A R K T E B I T E O L P R A A D F S
E X G H K A R M A O H N B I M L L E T K
N A U O U V N A I D N I T L T K U A T N
V J Q H D I P H I L O S O P H Y H T D O
W Q D J G P O Y C M N Z C S N L H D S M

ASHOKA
ASIA
BELIEFS
BODHISATTVA
BUDDHISTS
CEREMONIES
CHINESE
DALAI LAMA
DEVOTION
DHARMA
DUKKHA
EASTERN
EIGHTFOLD PATH
ENLIGHTENMENT
FOLLOWERS
FOUR NOBLE TRUTHS
GOD
INDIAN
KARMA
MAHAYANA
MEDITATION
MIDDLE PATH
MONKS
NEPAL
NIRVANA
PEACEFUL
PHILOSOPHY
REBIRTH
RELIGION
SAMSARA
SIDDHARTHA GAUTAMA
SPIRITUALITY
STATUE
SUFFERING
SUTRAS
TANTRA
TEACHINGS
TEMPLE
TENETS
THERAVADA
TIBET
ZEN

Solution on page 124

Bird Watching

X C H M G T M R M Z J Q N W C A S X R M
N J O G K O R I N A H L G T H L V P E T
L Y E R D H O W Z A L E B U Z Z A R D S
P B L M M V P S U P C L O X M R P M E L
E T O M Q O E I E Q D I A M T F U Y E S
N O I T A V R E S B O R L R I F E O F P
G R R J N S D A L L O K I E D R M C I A
U R O A P A R Q N A V D L B P O J A N R
I A R T K V G A D T G D A S C Q R N C R
N P W C R L T R L E G N O K M R F A H O
H H I L T A U V H U M M I N G B I R D W
K H O O F N R B I O C N N T B A Y Y U O
C B S V N I K D H Y G O L O H T I N R O
U R T E C D E R F B B I N S O G U K O D
D E R B U R Y A I U I T W I Y L I T D P
X X I I I A L R D L E A L Z B G A N N E
G D C R K C D U V E L R T P J K B Y O C
A U H D O I A G Y L O G E R C H B E C K
S S L N Y V M G O N P I B O B W H I T E
Q R E L B R A W K Q V M C E E T Z Z S R

AUDUBON
BINOCULARS
BOBWHITE
BUZZARD
CANARY
CARDINAL
CHICKADEE
COCKATOO
CONDOR
CORMORANT
DUCK
FALCON
FEEDER
FIELD GUIDE
FINCH
GOOSE
GULL
HUMMINGBIRD
LOON
LOVEBIRD
MALLARD
MIGRATION
MOCKINGBIRD
NIGHTINGALE
OBSERVATION
ORIOLE
ORNITHOLOGY
OSPREY
OSTRICH
PARROT
PARTRIDGE
PELICAN
PENGUIN
ROADRUNNER
SPARROW
SWALLOW
TURKEY
WARBLER
WOODPECKER

Solution on page 124

Pottery

G X B V D Y O T F C R Q T A M F H X V W
K F I R I N G G J M D K I L N S K I L L
Q B Q P Y P E N X W W S O E I K H A D U
Z O N R H N B W I C W N D L O M Y N S W
L T X V H B S U F P U B O C Q L C Q A P
F U J W G N I T N I A P I R M M N E B A
P C Y O V N Q D C I Q H S D P K A I R H
I Q C Q Q G E E E Z A V S L O R H C O B
K E V A W L R C K Y X L A E T M H R U J
T Z S E S A V O Y U D T E H T A O R W L
A N I A M Z D R A H E E E C E A N D M N
Y G M I R I Y A L C J N R O R I E V A S
B L C R B N E T M I W I L A S O H R N W
T S B F E G E I A A Q O G H W L P G C S
I D W T I T H V R E G Q I G H E I C I L
T Z T C W N A E O Y H N D U E S N C E Z
B X C T H R O W I N G M L P E R A O N W
D H P E C I T Z I N K Q U D L R R L T Z
Y R X B A R N N N A B E L I T B O W L S
H S L Y G C R A F T O O L S F B I J M D

ANCIENT
ARCHAEOLOGY
ARTS
BARN
BOWLS
BURNISHING
CERAMICS
CHINA
CLAY
CRAFT
CREATE
CUPS
DECORATIVE
DESIGNS
EARTHENWARE
FIRING
GLAZING
HARD
HEAT
JIGGER
KILNS
MOLD
OVEN
PAINTING
PLATE
POLISH
PORCELAIN
POTTER'S WHEEL
SHAPING
SKILL
STONEWARE
THROWING
TILE
TOOLS
VASES
WATER

Solution on page 125

Herbal Medicine

L A J H K G E Z C J X T H T N P N O S S
G H L W L G E M Y H T R S T U D I E S S
T K F P A Y E G S R T O J U I C E V S S
T R K S N O I T A L U G E R B S R C E H
B Z I R F O C D H R J F X G A D A I I E
N A M U H A I P C E F L S N E R N N D L
A B N F R T T E A E R E Y I E F D R E L
N G A T I C S N C B S A R T U I U Z M S
I T X O O D O T E A L D P S G G F C E V
M E N M K D I M E V D Z I E S B W H R S
A A W F H V N S P G L O N V U N E E R G
L E O X E K I I R O N O C R M T L M O R
P L R F R D R L K S U H S A E N I I O V
K I G O B E X A T S O N S H R T M C T F
I T N Q O V S B B P V T D X I A O A S Q
R C D P L I E R P X H E V S A F M L R H
M J I Z O R E E T A N C I E N T A P A I
Y L G V G E D H E A L T H N S X H N J D
P R B U Y D E L I O B S E R U T C N I T
M O W L Q D I I S C V N M W M W T P M O

ANCIENT
ANIMAL
BARK
BOILED
CARE
CHAMOMILE
CHEMICAL
CHOPPED
COMPOUNDS
DERIVED
DISEASES
DRIED
DRUGS
EFFECTIVE
EXTRACTS
FOLK
FUNGI
GREEN
GROWN
HARVESTING
HEALTH
HERBALISM
HERBOLOGY
HUMAN
INDIGENOUS
INFUSIONS
JARS
JUICE
REGULATIONS
REMEDIES
ROOTS
SAGE
SEED
SHELLS
SKIN
SOLVENT
SOURCES
STUDIES
SUMERIANS
TEA
THERAPEUTIC
THYME
TINCTURES
TISANES
TRADITIONAL

Solution on page 125

Spring Break

Q O I V H S X M X X O C Q C S S R T G U
G R J L T K P T A U N S Y O B I K I N I
M I O D K S T E K C I T E N A L P U V R
G G R M U S I C S W V A C A T I O N R E
W W S L A D N A S M W H H A H I A O L S
M C E U S N E E R C S N U S I O Z C W O
A T Y Z A R C G O D A N C I N G Y I K R
E D V R L G N E A L H V E Z G Y M X L T
G N I M M I W S D O O O X J S S O E P I
V O J R Y E R U T N E V D A U G W M D R
M C S T O L K E R X R J C I I O Z X O S
I E R J B L L N I V F U T D T R G G U S
C A E L S D F A P W L S S H P N E N A F
P N G U B S R A B N S U C E I G B I I R
K D A G U S N U A Y N A C Y I U R X R I
S U N G L A S S E S E K A Q R E P A F E
R F E A C Q O R H B U L F N Y Q A L A N
E K E G T B Q I N Z P V L U Q Y H E R D
C E T E A A N O T Y A D B O N F I R E S
Q T F C B E N F C M G T R A V E L O O P

ADVENTURE
AIRFARE
BARS
BATHING SUIT
BEACH TOWEL
BIKINI
BONFIRES
BOYS
CABO SAN LUCAS
CLUBS
CRAZY
DANCING
DAYTONA
FLORIDA
FRIENDS
FUN
GIRLS
HOTEL
LUGGAGE
MEXICO
MUSIC
OCEAN
PARTYING
PLANE TICKET
PLAYING
POOL
RELAXING
RESORT
ROAD TRIP
ROMANCE
SANDALS
SUNBURN
SUNGLASSES
SUNSCREEN
SUNSHINE
SWIMMING
SWIMSUITS
TAN
TEENAGERS
TRAVEL
VACATION
VOLLEYBALL

Solution on page 125

Grandparents

P A N U L G R F E B K A A G G S D V E G
E Q S T N E I T A P Q D S U P P O R T W
W X O I S S V S E X P E R I E N C E D G
A J V P H D K O M H G K E E N Z E C A O
D I E I H R N W L I I E T G L B R O Q U
G C N C D U O X Q N L E T A Y A U O H D
T G A T F E W T S I T E I U Q K T K F W
U E P U R I L P N H Q N S R G I L I C I
T U A R H A E K H E S S Y O E N U E V S
N S T E S R D U N P M H B T X G C S K E
R U E S S B G I I I N U A S E I R O T S
E L R O P S E R T V R L B E L D E R L Y
T F N T N R A E L I I W N C J S X L H U
E W A O U T B D Y V O L A N R E T A M S
N Z L M I R L V E G E N E A L O G Y X E
C A V O I T E U M R A W S E I R O M E M
X V N C K L A M D N A R G P J J D O U A
H A E N L G Y C F O W C I F O B H E O G
L C G R Y I M H A P P Y V V E I F M I P
G I M C C P V F U V M Y L O V J L Z J G

AGE
ALIVE
ANCESTOR
BABYSITTERS
BAKING
CARE
COOKIES
CULTURE
ELDERLY
EXPERIENCED
FAMILY
FISHING
FUN
GAMES
GENEALOGY
GIVING
GRANDMA
HAPPY
HUGS
INSPIRATIONAL
JOY
KINSPERSON
KNOWLEDGEABLE
LEARN
LOVE
MATERNAL
MEMORIES
MENTOR
NANNY
NURTURE
PATERNAL
PATIENT
PICTURES
RELATIVE
RESPECT
SMILES
SPOIL
STORIES
SUPPORT
TEACH
TRADITIONS
VACATION
WARM
WISE
WRINKLED

Solution on page 125

Tropical Getaways

M A L D I V E S T T H O M A S S U V V I
R E Q J T G M E X I C O H U U O U G E H
N C S T S O D A B R A B I C T L T L S I
T H A I L A N D G N R T S J O B A J C S
O I L U D N A L S I I I S U A E U T A R
U K U S G A N Y S R B E N R R A N M P S
R I H M G N R F U I B G O A E C A E E R
I N S I O M I A H Z E B R R L H V D E V
S G U W C J M E P F A A K U A E Q S A C
M P N S I O H X E R N L E B X S O C B W
C A S I R K K I O S Z I L A A R A P I P
U L C H O L V B N S T I I L T T D R H I
H M R I T B Q U I I T H N S I C U B A D
P T E G R R B Z P R K U G O O C M A M L
J R E S E A S I D E D I N I N G R U X C
X E N V U T T R A V E L B O S S E G M X
W E M M P E A S Y G O I N G C Z B I F Q
J S H M B P J W O I L A C I P O R T A F
T V A R J K P T A C I T O X E B C N U S
A Q S F T Q D K J Y F U R I I A W A H V

ANTIGUA
ARUBA
BAHAMAS
BALI
BARBADOS
BEACHES
BERMUDA
BIKINI
BORA BORA
CARIBBEAN
COCONUTS
COSTA RICA
CUBA
EASYGOING
ESCAPE
EXOTIC
FIJI
GETAWAY
HAWAII
HIBISCUS
HIKING
HULA
ISLAND
LEI
LOUNGE
MALDIVES
MAURITIUS
MEXICO
PALM TREES
PARADISE
PUERTO RICO
RELAXATION
RESORTS
SEASIDE DINING
SIGHTSEEING
SNORKELING
ST. THOMAS
SUNSCREEN
SWIMSUIT
THAILAND
TOURISM
TRAVEL
TROPICAL
VACATION
VANUATU

Solution on page 125

Opera

F Z E B L B Y L E D T S E M U T S O C U
Q I B E I D R E V Y T O S O U T R I V T
W A G N E R F H K E L K A U D I E N C E
Y R T G I M U S I C I A N S F R S O S N
R T A L C O N C E R T E M E H T O R O O
O R E X I I T C A H S Y V U L B P C G R
T A E L V B S A L L A C A I R A M H E S
S D K A L G R U L K Q Y M L M S O E C S
I I R I N A X E M E Z Z O G P S C S N E
T T W O N U B Y T L A T R A V I A T A K
S I S I E N T E R T A I N M E N T R M F
U O L B S O A C Y E O C Y T V U H A R Z
A N I C T N S V O I N N I S T A G E O R
F P T G R A C R O N S E M S L O N T F X
T P A V A R O T T I T I C L S C N Z R F
A A L C U P R Z N C G R N S H A W R E I
O U I S S O E G F C N N A G C Z L Z P U
Y G A M S S E Y J U O I O L I G A C E B
Z R N E M R A C V P R Z E D T N B C C X
F P W E S T E R N A G B B Q F O G C S F

ARIAS
AUDIENCE
BALLET
BASS
BEL CANTO
CARMEN
CLASSICAL MUSIC
COMPOSERS
CONCERT
CONTRALTO
COSTUMES
DON GIOVANNI
ENTERTAINMENT
FAUST
FRENCH
HALL
ITALIAN
LA TRAVIATA
LIBRETTO
MARIA CALLAS
MEZZO
MUSICIANS
ORCHESTRA
PAVAROTTI
PERFORMANCE
PLAY
PUCCINI
SCENERY
SCORE
SINGERS
SINGING
SONGS
SOPRANO
STAGE
STORY
STRAUSS
STRAVINSKY
TENORS
THE MET
TRADITION
TRAGEDY
VERDI
VIRTUOSO
WAGNER
WESTERN

Solution on page 125

Around Home

BATHROOM
BATHTUB
BENCH
CABINET
CHAIRS
CHIMNEY
CONCRETE
CURTAINS
DECOR
DOORS
DRIVEWAY
DRYWALL
FIREPLACE
FLOORING
FLOWERS
FURNITURE
HALL
HAMMER
INSULATION
INTERIORS
LADDER
LIGHTS
LOVESEAT

B P H X H D Y A R L H W I R I N G N G T
D Z L D W G G E Z Q I I N T E R I O R S
V G V O I L W T C N E C A L P E R I F D
O R M O D O O S D L V Y G M L P I T J V
R U W R H V R O H D S E N I Z A G A M E
L L U S J E W Z G I E O P R H R H L L R
J P T V V S T C U D N C L R U L O U L U
G Q L L S E N B R A B G O O F O G S R T
S O H L N A U I I P A Z L R J R L N D I
K I G I F T V P A W T E L E V I S I O N
J D B X H E P D O T H N E W S P A P E R
D A B T W M R O D S R H V R R A Z L L U
C R A A L A D D E R O U A E E I H U B F
G B Y Q E T E R C N O C C M W N P M A L
P A G W L G U C O H M L L M O T R B T O
W U K I A T B H Y W I I Y A L I F I A O
I W U O C L C A K N G M C H F N F N C R
R Q S I H N L I E H S I N K G G B G L I
I S P Q E P N R T P M P S E V O T S D N
L E V B G E X S H E L F E V Y W J I K G

MAGAZINES
MIRROR
NEWSPAPER
PAINTING
PARLOR
PIANO
PICTURES
PLUMBING
QUILT
RADIO
RECLINER
RUG
SHELF
SHINGLES
SHOWER
SINK
STOVES
TABLE
TELEVISION
WINDOWS
WIRING
WOOD

Solution on page 126

Happy Hour

M Q I K G H M R B X G I A E F H C S U G
P C A I J O J A O U X A L E R U I N L F
M J T Z A L C S R S L A I C E P S A A F
A H L N E A P P E T I Z E R S E U C I S
W W A S U Z M E E T I N G N T P M K C X
K J C D N O D R A F T N I Q A B I S O E
K S O H V O C M U E E N I W U P E T S V
M P L S O V I S R M S N Q T R G S L D L
P S L K D C S T I R I U Q I A D E O N C
G X E I K N A O O D J F N R N Z G H E Y
N O A I A I L A E M V O E S T T N O I U
I L G T N T E S J J O V E E E H U C R C
R L U M I X K T E N E R R D Q U O L F R
E C E P L R R C R B V P P A U Q L A B S
H N S Y D M A E O E V T U W I I W T J Y
T I H X K R T G R C O L K H L R E E B F
A S O G X F I S R C H E A P A F W M L P
G Y T R A B B N I A T N U O F L C I P L
J C S W Y X T J K Q M M O U S K F L B U
Y P P D Q F Q U L S M B B J Q V M P G W

AFTERNOON
ALCOHOL
APPETIZERS
BAR
BEER
BEVERAGES
BUFFET
CHEAP
COCKTAIL
COLLEAGUES
DAIQUIRI
DISCOUNT
DRAFT
DRINKS
ENTERTAINMENT
FOUNTAIN
FRIENDS
FUN
GATHERING
HALF
KAHLUA
LIME
LOUNGES
MARGARITA
MARTINI
MEETING
MUSIC
PRETZELS
PROMOTIONS
RELAX
RESTAURANT
RUM
SALE
SERVERS
SHOTS
SNACKS
SOCIAL
SPECIALS
TEQUILA
TIPS
TOAST
VODKA
WELL
WINE

Solution on page 126

Books

C U S T O R I E S E R N E G Y M Q G I U
H H P A R G O N O M J P E R O M A N C E
C C K N P A P E R B A C K R A M K O O B
Y V C O R Q D W R I T I N G X X W I M X
I G A I T I B S R E F E R E N C E E P Y
P T B T T M S P N O I T C E L L O C U E
M E D C W S M A D E O F P A P E R B T G
S W R I C R O P E N I P S O Z S O A E A
C T A F C E Q E A L C S G G A U U M R U
F D H E N T E R T A I N M E N T I H E G
Y M N B G P I S M F I H D D H N I C S N
S K C O N A E O I T H U P O F S N M E A
L R R O I H N C N A C B R O T E S A A L
E E E K D C A I R A X S R O I D J G R I
V H A S N T R D T F R M R C H L K A C B
O H D T I P C I J T A Y S N B T B Z H R
N T I O B O O L I T E R A T U R E I S A
K Q N R V N P R I N T E R S E A Y N B R
P A G E S Y R O T S T R O H S T X E T Y
D D R S L A N R U O J S E V L E H S Z G

ART
AUTHORS
BIBLIOPHILE
BINDING
BOOKMARK
BOOKSTORE
BOUND
CHAPTERS
CLASSIFICATION
COLLECTION
COMPUTER
DICTIONARY
EDIT
EDUCATION
ENTERTAINMENT
FICTION
GENRES
HARDBACK
HARDCOVER
HISTORY
INFORMATION
JOURNALS
LANGUAGE
LIBRARY
LITERATURE
MADE OF PAPER
MAGAZINES
MONOGRAPH
NEWSPAPERS
NOVELS
PAGES
PAPERBACK
PRINTERS
PRINTING
READING
REFERENCE
RESEARCH
ROMANCE
SCIENCE
SHELVES
SHORT STORY
SPINE
STORIES
TEXT
WRITING

Solution on page 126

Morning Routine

M Y Q C L M D Z J O G B S I D Q U P T W
Z V L J S H H R U V E G D T R A F F I C
I Y S U B C C B I H Z E A O C M W E G R
Z A N D F T Y E C V B J Y X I U T N N O
B N N K E E O G E E I R L V L D S W M W
Y B G T Z R C I K U J N I O E N A E H I
E L A O E T O A A Y G F G S O Y F R H N
B K O A Q S M Z E R G C H O K V K D H G
E N P S J L W P A P E R T I B C A T E I
S A X T W M K G C H I R P I N G E T F W
D M Z B K A E R B Y A D N W F E R P E S
R J R Z H T P A N C A K E S T E B E I L
I S D F F C V E K A W A F H A L H L Y E
B Z H N F H N S C B L H S D G O E S Q E
S G H Y N I C U E A F U Y O U N H R E P
S C H O O L L T R R R E E R T O N E W Y
W J C S Y L K M E B U V S D W R F V W L
B L E Z X Y M S A I A W L E W F A O D R
X N O H F N H Y L M U R R W O T R T X A
X B B W V O O O Y N H Q V C F K P S S E

ALARM
AWAKE
BIRDS
BREAKFAST
BRISK
BRUNCH
BRUSH TEETH
BUSY
CARTOONS
CEREAL
CHILLY
CHIRPING
COFFEE
CROWING
DAWN
DAYBREAK
DAYLIGHT
DEW
DRIVING
EARLY
FRESH
GET READY
JOG
JUICE
MAKE BED
NEW
OVERSLEPT
PANCAKES
PAPER
PEACEFUL
QUIET
RADIO
SCHOOL
SHOWER
SILENT
SLEEPY
SNOOZE
START
STRETCH
SUNNY
TOAST
TRAFFIC
WEE HOURS
WORK
YAWN

Solution on page 126

At the Beach

S L Q U C A O Q S E W Q C R U T M D T G
B M W R G S F O R M A T I O N R E E F S
U D A Y M S E M A R I N E S L M S Q C I
J B V L X N M N B O P L J E I N R E S D
S Z E I C U O B U F Q Q J A U P L A Y U
Q K S W K O J I B D D W O S M B S A W K
E C F S A H R K T N C O C H B I E S K P
S F P P W T T A L A I N R O F I L A C E
E B T Y E I E N L L E A C R X A B L F Q
O S C R O D M R B L A R R E I W B T A N
D R U M O K O S O A I B C E V A E A S E
O S G M I S U V U C L N Y E A H P T R B
G H N T M U E K U I K A E E R D V I G N
R O I I P E Q R F G T S M A L Y I O E Q
I R M E I H R E V O X D I I L L D N L R
L E M D N E G S F L O R I D A G O N G N
L L I I N U C G E O G R A P H Y A V A J
E I W T A Q H C A E B I D N O B J E C S
H N S R L E V A R G N I F R U S C X F Y
S E D I M E N T S S S G T S J O P H B D

BONDI BEACH
CALIFORNIA
CLAMS
COBBLE
CORALLINE ALGAE
CRABS
CURRENTS
DUNES
FLORIDA
FORMATION
GEOGRAPHY
GEOLOGICAL LANDFORM
GRAVEL
HAWAII
LAKE
LIFEGUARD
MARINE
OCEAN
PEBBLES
PIER
PLAY
READING
RECREATION
REEFS
RESORT
ROCKS
SALTATION
SANDY
SEASHORE
SEDIMENTS
SHELL
SHORELINE
SUMMER
SUNSET
SURFING
SWIMMING
SWIMSUIT
TAN
TIDE
VOLLEYBALL
WARM
WATER
WAVES

Solution on page 126

Violins

E J Q H A R M O N I C S Y M P H O N Y F
W C W A S I S T I N G N I Y A L P G S S
O P E R F O R M A N C E S O L O M Z T T
C D O S O U T R I V N L D E W W F R N R
P I T C H L K R O T L U C I F F I D E I
Z I H A I Y T D R A O B R E G N I F M N
L I T C B S M L M O T S D U G R N T U G
N L V O R O U S L Y T E N Q S I B U R E
Y X I U I N S M S O E L U O U O T N T D
E B O S D A I N L Z R A O R I T H I S I
Z F L T G T C V O A R C S A R R R N N N
T E I I E A I X C T C S S B A E E G I S
C N N C E B A C E K E I T W V C L P I T
D E I S R J N T U R B S S H I N D E S R
Q D S A C I S U M T E E H S D O D G X U
U O T T N E M U R T S N I L A C I S U M
B O W H Y I B I U V B K U U R L F X M E
K W L E X W S O C A S E C M T N C J B N
F N F P I K Q O N O R C H E S T R A J T
Z U K F I V E D R Y K W I A N K I S D X

ACOUSTICS
BAND
BAROQUE
BOW
BRIDGE
CASE
CELLO
CHIN
CLASSICAL MUSIC
CONCERTO
DIFFICULT
EBONY
FIDDLER
FINGERBOARD
FOUR STRINGS
HARMONICS
INSTRUMENTS
MUSICAL INSTRUMENT
MUSICIAN
NECK
NOTES
ORCHESTRA
PERFORMANCE
PITCH
PLAYING
ROSIN
SCALES
SCROLL
SHEET MUSIC
SMALL
SOLO
SONATA
SOUND
STING
STRADIVARIUS
STRING QUARTET
STRINGED INSTRUMENT
SYMPHONY
TUNING PEGS
VIBRATO
VIOLINIST
VIRTUOSO
WOODEN

Solution on page 126

Green Tea

P P E P I C E D T E A H C E S U B A K K
O L K N O X I D A T I O N T L G J J Q J
P R A S I S N E N I S A I L L E M A C V
U L U N N H T E G Y Q F Q R H X Y B U W
L J A K T W X R Q N E N I E F F A C P C
A H R B O T N E C N I V O R P N A N U H
R B E L R Y I I E N Y D Z H C X A O P I
D D L A D E G B F P N S G H N O O C S N
S E C A R Y H A N J O M A N U L L S L E
Y T E O H T H D G T M L I W O A O B S S
I O N I L C D N B T E I Y N N L N A A E
C E Z A T Q I I E T R A G P T S G A E J
E C E A D W U A S J E T L H H W J J T A
C H M N E I P A M E C A G E G E I H K P
R F S R A O X R L N A I B N A V N T C A
E K B T T I K O N I E S S A I V G O A N
A N E R E I S V I W T G E M G M E H L E
M I D D L E E A S T S Y H N L I I S B S
D R E T A W P L L A N I C I D E M U P E
A D O Y C F C F S E G A R E V E B E H Q

ANTIOXIDANTS
ASIAN
BANCHA
BEVERAGES
BLACK TEA
BREWING
CAFFEINE
CAMELLIA SINENSIS
CHINESE
CUP
DIET
DRINK
EXTRACT
FLAVOR
GENMAICHA
GYOKURO
HEALTH BENEFITS
HEART DISEASE
HERBAL
HOT
HUIMING
HUNAN PROVINCE
ICE CREAM
ICED TEA
JAPANESE
KABUSECHA
LONG DING
LONGJING
MATCHA
MEDICINAL
MIDDLE EAST
OOLONG
OXIDATION
PLANT
POLYPHENOLS
POPULAR
QUALITY
STEEP
TEA BAG
TEA CEREMONY
TEA LEAVES
TEAPOT
WATER
WEIGHT LOSS
YELLOW TEA

Solution on page 127

Watercolor Painting

W W P A N L S K Y S F D D H J A D O P R
E M A R F R E V Y R H T L T S I O M S E
Y F Y T C J R S Q V E T I C L I I L U Y
U Q K W E Q U N S C O L O R F U L I K A
M J X O N R T C H O D S L E W F B G W V
Z V U R P O C N M O N K Y A X I R H N Y
G R L K T Q I O H U O S R T G N U T R E
H V A F I Q P T L R E D N I B G S L W L
G Q N F U N E B A O X S E V T E H O A L
J O D E L M A Q L R R A U E I R S O S O
A M S B E U F P P U T P W M J P T H H W
P U C A D D I T I V E S A Z V A R C E Z
T T A V L G I D M L L D U I K I O S S X
I I P C M L E F L S Y R W L N N K O T Y
L A E E O K E E F A T Y A E L T E L S S
E R N O Z P R S D I S B E J J I S V I Q
T T C F C A N V A S C R E D R N E E T Z
S R P M U I D E M E G U F C S G O N R B
A O M Q R L K G F C M S L A I R E T A M
P P A P E R E K U L S H E T T E L A P U

ADDITIVES
AQUARELLE
ARTISTS
ARTWORK
BINDER
BLUE
BRUSHSTROKES
CANVAS
COLORFUL
COOL
CREATIVE
DIFFICULT
DRAW
DRYBRUSH
EASEL
ENGLISH
FINGER PAINTING
FLUID
FRAME
GALLERY
GREEN
ILLUSTRATION
LANDSCAPE
LESSONS
LIGHT
MATERIALS
MEDIUM
METHOD
MOIST
MUSEUM
PALETTE
PAPER
PASTEL
PICTURES
PIGMENTS
PORTRAIT
RED
SCHOOL
SOLVENT
STYLE
TECHNIQUES
WASHES
WATERCOLOR PAINTS
WET
YELLOW

Solution on page 127

Orchestras

V E G A T S Y C E C H V I O L I N S S I
S P P P S J E N H J S O P I A N O M W H
Y U T A L T S N O A U D I T O R I U M U
D P R D L A N E O H M K T H E A T E R J
P B O O A G Y E L H P B D I N Q C S Z K
Z Q M H H U T G M B P M E O L L E C Y A
P Z B F R C D E W E M O Y R A C S K C H
I I O M B C U I P Q V E X S N B D O P S
F J N U E E Y S E M M O S A A G N H E K
G N E S E L T M K N U I M N S C I E K T
D I Q I T A A U B U C R D H E L W C U Q
P H Y C H R B R L A O E T R H G D E Z K
W V S I O E U D L F L N T A W E O L C P
K D S A V P T M R Q R S R B T V O P O S
L P A N E O U E E N V M T K A C W O M G
S B B S N S P O A N O I S S U C R E P N
X Q Y A I T B G O N T Q G U U T H P O I
V H S C T O R S I N O S C O R E T P S R
P U J X R O T C U D N O C L A R I N E T
Q R Q P E W N P I G J G V I B D Z P R S

AUDIENCE
AUDITORIUM
BACH
BAND
BASS
BATON
BEETHOVEN
BRASS
CELLO
CHAMBER
CHORUS
CLARINET
CLASSICAL MUSIC
COMPOSER
CONCERTS
CONDUCTOR
CYMBALS
DRUMS
ENSEMBLE
FLUTE
HALL
INSTRUMENTS
MOVEMENT
MUSICIANS
OBOE
OPERA
ORGAN
PEOPLE
PERCUSSION
PERFORMANCES
PHILHARMONIC
PIANO
PLAY
SAXOPHONE
SCORE
STAGE
STRINGS
SYMPHONY
THEATER
TROMBONE
TRUMPET
TUBA
VIOLINS
WOODWIND SECTION

Solution on page 127

Pilates

N F I T N E S S T R E N G T H E A L T H
M K B E C I T C A R P O L E V E D U B S
A C A T H I P S S D E Z P P E R F E C T
S E L N F N Y T I L I B I X E L F O G Y
F N A E N L C W D I S C I P L I N E V T
D T N M Y T N S L A O G L R Y D O B X I
D E C N O Q E S F O C U S E I D I V C V
B R E G N M T G N X R S U T A R A P P A
R O E I V O S Z I O D T I L U N G S I R
M E J L I M I T A T I O N S N L S W O G
S H F A K O S T Q D N T T O A T Q I E V
T T P O M V N M A S Y U I C C N S S N E
R A A M R E O K H N N S I S I G A P D G
O E M M R M C R E S I S T A N C E I U W
N R K U I E E D E C Y D P I T A W N R G
G B D S F N R R E H F K R I F D R E A H
H Z S C S T A R P L C P V O L M A T N Z
Q W O L F S P F N A S I N R O E D N C B
L M D E E B R G B H T O O M S C D V E N
Y E J H Q D J N E Y H W O R K O U T B Y

ACTIVITY
ALIGNMENT
APPARATUS
BACK PAIN
BALANCE
BENEFITS
BODY
BREATHE
CENTER
CLEANSING
CONDITIONS
CONSISTENCY
CONTROL
COORDINATION
DEVELOP
DISCIPLINE
ENDURANCE
FITNESS
FLEXIBILITY
FLOW
FOCUS
GOALS
GRAVITY
HEALTH
HIPS
LIMITATIONS
LUNGS
MAT
MOVEMENTS
MUSCLE
PERFECT
PHYSICAL
PRACTICE
PRECISION
REFORMER
RESISTANCE
SMOOTH
SPINE
SPRINGS
STAMINA
STRENGTH
STRONG
TRANSITIONS
WORKOUT
WORLDWIDE

Solution on page 127

In the Park

N Z I C F X A P O V K G A A E E T S T X
E U P O N D L L A B E G D O D H I E G D
D N U O R O G Y R R E M B I P B G S N R
R A Q N L E T A B L E S L D I T T O I I
A C Q E A I X W E W T S S K E R M R M N
G H T R U O C L L A B T E K S A B S M K
A S T D C I M E C H N R N G I F T D I I
M A T L L S A L O A S A R D E R M L W N
E R E I E H E F L F L D L R U F S E S G
S T T H M C R P Y B F L R O H R R I D F
W S H C O J C Q X P A I C L E T H F R O
F S E U N P E N A B S S C L A V E R A U
I T R S A O C V E W I L G E X W P E O N
R S B R D O I S H N O G H R R A A C B T
E I A E E L A E N W U T G B G S C C E A
P T L W I B E E N J I S R L A E S O T I
L R L O N L T S R H O H I A Z E D S A N
A A N L W I L A P N W A L D E S N F K J
C P S F K F Q M P A D D L E B O A T S C
E D Q N B W A R E T L E H S O K L S J K

AMPHITHEATRE
ARTISTS
BASEBALL DIAMOND
BASKETBALL COURT
BIKERS
BLANKET
CHILDREN
CLOWNS
DODGE BALL
DRINKING FOUNTAIN
FERRIS WHEEL
FIREPLACE
FLOWERS
GAMES
GARDEN
GAZEBO
GRILL
ICE CREAM
JUGGLERS
KITE
LANDSCAPE
LAWN
LEMONADE
MERRY-GO-ROUND
OBSTACLE COURSE
PADDLEBOATS
PAVILION
PLANTS
POLICE OFFICERS
POND
POOL
ROLLERBLADES
ROSES
SEESAW
SHADE
SHELTER
SKATEBOARD
SLIDE
SOCCER FIELD
SWIMMING
TABLES
TENNIS COURTS
TETHERBALL
TRASHCAN

Solution on page 127

Supportive Words

U P H U Y H P M U I R T O G E T H E R F
D Y N A M I C O N F I D E N C E E A S L
O R P T C F R I E N D S H I P T G B U A
O O O M Q I N S P I R E L D C H A S C I
G T W B W H T I A F L W I N N E R O C R
O C E R E O T S U B O R G A C V U L E E
U I R I L L N F I N D U S T R I O U S E
Z V F L U P I D E M P G S S E T C T S H
C L U L F T E E E H I Q R T A A Y E T C
V S L I E R I R V R F T U U T N X L K I
Q F U A C E H T S E F S P O I I E Y S U
P N F N A M O T S E L U J O V G V T T A
U U I T R A P A G U V T L B E A I D A J
X E T R G R E L H N O E N Y G M T R A F
V T U O M K F E D I E R R E W I I E D X
R Y A P E A U N X T B R E E G X S A V G
M L E P G B L T A N M U T N E M O M I E
G M B U X L R E S O L V E S E A P L C L
Z K V S V E R D K C A V T N A G E L E K
I B A I C G E T U O M T R D E D L N Q J

ABSOLUTELY
ADVICE
BEAUTIFUL
BELIEVE
BRILLIANT
CHEER
CONFIDENCE
CONTINUE
COURAGE
CREATIVE
DREAM
DYNAMIC
ELEGANT
FAITH
FATE
FLAIR
FRIENDSHIP
GENEROUS
GENTLE
GOOD
GRACEFUL
GREAT
HOPEFUL
IMAGINATIVE
INCREDIBLE
INDUSTRIOUS
INSPIRE
MOMENTUM
OPTIMISTIC
OUTSTANDING
PERSEVERE
POSITIVE
POWERFUL
REMARKABLE
RESOLVE
ROBUST
STRENGTH
SUCCESS
SUPPORT
TALENTED
TOGETHER
TRIUMPH
VICTORY
WINNER
WONDERFUL

Solution on page 127

Massage

G U N H H I B Y E M U S C U L A R Y E S
M S A A D H Y Z S S T I F F N E S S H P
P I N A B A H Z E R P D Y Q C Y D O B B
J D S O C S J H L T E N S I O N U F N L
S L L T I L F D B L C F P B K L E E F S
D L L D O T Y D A E H I L G D P D O U L
L E E L A N O I T A E R C E R B N O R F
W W Y S M Z E L N N G Q R O X S R S U Q
S W A T I M S S T G I S F W N O E D F B
M M Z S T R U C T U R E D O G A L E I A
L U K I P A W U O B S U I I Q V W O N C
H V S P C E J F S S N T V U C S L C G K
Z C H A I R N O I T A X A L E R T I E Y
N T C R B O C O I R A T S T R O P S R S
D O Q E Y F N A B N I I E Y U T P X S L
S U I H L A P I V C T L H Y S W O B L E
J C Q T L Y V L C Q H S R S S M E V X G
X H R H O G N I T T I S O M E D I C A L
G N I V O M R H A O I L S T R O K E S H
F G D C D M N L M X G X L D P V J N G M

AQUATIC
ATHLETES
BACK
BED
BODY
CHAIR
ELBOWS
FEEL
FINGERS
FOREARM
GELS
HANDS
HEAD
JOINTS
KNEES
LOTIONS
LYING
MAT
MEDICAL
MOTION
MOVING
MUSCULAR
OILS
PRESSURE
PROFESSIONAL
RECIPIENT
RECREATIONAL
REFLEXOLOGY
RELAXATION
SHIATSU
SHOULDERS
SITTING
SPORTS
STIFFNESS
STONES
STROKES
STRUCTURED
SWEDISH
TABLE
TENSION
THERAPISTS
TOUCH
VIBRATION
VIGOROUS
WELL

Solution on page 128

Craft Projects

Z X Z Q W E Y P E L Y V W I H X P A M J
S B M E E S E I R O M E M C A N D L E S
M U G H S T N E M A N R O P E N C I L G
H T O L C P D B G H W Z M F U T U L Z L
C T D T L I U Q A W D N Q F H W A S Z I
R O G C O L O R F S E E V Q A B N K U A
O N N R Q K W N X X K F C E N O U O P T
C S B O K R K E P Y K E T O Y P L A N E
H M R S I O S B I O L A T A R L A I I V
E A A E R T E D O B N T R M Z A A R A O
T A C Y D E A B A I O C O K A P T O T D
J E E H I L P N M C I L S O L K C I S D
S M L S C A O A I Y T A T R C X I G O G
P A E L R I L H P G S Y E I Y W R N R N
R M T C H O M W T P A B N G R R B I G I
Z O S S K J S A G O A M C A E E A W S R
E T A E R C F S R T P L I M T A F A X T
U F U D N Y W N I E V G L I T T E R A S
V L X L N A L K J C C O S T O H H D U L
G N Q H R I B B O N S C C R P S I D U K

ART
BASKET MAKING
BATIK
BRACELETS
BUTTONS
CANDLES
CERAMIC
CLAY
CLOTH
COLOR
COTTON BALLS
CRAYONS
CREATE
CROCHET
DECORATION
DOVETAIL
DRAWING
EMBROIDER
FABRIC
FASHIONABLE
FUN
GLITTER
GLUE
IMAGINATION
LAMINATE
MEMORIES
ORIGAMI
ORNAMENTS
PAINT
PAPER
PENCIL
POTHOLDERS
POTTERY
PUZZLE
QUILT
RIBBONS
SCISSORS
SCRAPBOOK
SEW
STAIN
STENCILS
STRING
TOY PLANE
WEFT
WREATHS

Solution on page 128

Loafers

D S F H W L D M R Z P V D X V B I G B S
Q A D N V S L F H T R I K M G R M B J R
D X X E X H K S L A Z T W I R U X F Q H
Q F I O C G I S S L I P P E R S N S Z P
D Q V O M O E A D F K N F B L A U S A C
L C U L T U R E T O O X F R V N U R V M
S Z J C I S S A L C N S E O H S T A O D
P L Y D C I R S T H Y A D W R S X C N S
Z E S E G E R L H I U R H N E M C I S K
I D N N V D R E S S O D P H I A A E C V
O E S I X K W E H C T N N R S Z L L U V
C P V F Q W D H I T B U S I N E S S E Y
L A L E U E E T I I A W N S C P C L B F
L Y R R X A S E F C P E O A W O E I E Y
T N G A E A C N J C C O L L E G E G R E
X N L C L B E A E U S Y S E A G X H U E
T E T E M U U A Q G N X I N S E R T S D
R P G J X C P G M H A S T E S S U G I E
H A L Z V G O O U L C M U X K Q Z U E U
N T K T V S R R P N P O I T A S S E L S

BROWN
BUSINESS
CASUAL
CLASSIC
COLLEGE
CORDOVAN
CULTURE
DECORATIONS
DESIGNS
DRESS
ELASTIC
ELEGANT
FLAT
GUCCI
GUSSETS
HEELS
IMAGE
INFORMAL
INSERTS
LACELESS
LEATHER
LEISURE
LIGHT
LOW
MOCCASIN
PENNY
POPULAR
REFINED
RELAXED
REVIVAL
SHOES
SLIPPERS
SNUG
STRAP
SUEDE
TASSELS
WEEJUNS

Solution on page 128

Rainbows

Q B X X M R A Z P P W E X E A U U S K H
C M I E W Y B X W V I Y G K S H H G G N
I B P F A T E O L E Q G D N O H C R A M
M C B M T Y H T G N E L E V A W J E D L
W O L L E Y X G Z N O I T C A R F E R W
I M U E R T K M I G B K S E U H O N O N
N N E Q R S E S F L N I A R T T C M P F
O X I I F D Y O G Z N T P R I S M O L L
N U I J W U T G R W M U A I R K H C E O
E U U A Q O E C O O X E S I M O R P T B
M Y A P P L D B S L L N Z V M N R S S M
O F J H B C N P U W O O Z I E O I G P Y
N W R U C O H F M E V H G Y G M W P E S
E V O L O E R E F L E C T I O N R I C G
H D T M R O R X T L R U D Y C R B I T I
P D O E L C D P P W A N T N M A T O R Z
K C Y O L B A R E E I G J J T P L L U S
D D C P H O U K B L D Y P A O H B I M N
D B I S Z P I T X M C F K E W C G J Y F
D U A V E J T V J D U P E U J T M H R J

AIR
ARCH
ATMOSPHERE
BEAUTY
BLUE
CLOUDS
COLORFUL
DOUBLE
DROPLETS
EARTH
GREEN
HUES
INDIGO
LEPRECHAUN
METEOROLOGICAL
MIST
MOONBOW
MYTHOLOGY
OPTICS
ORANGE
OVER
PHENOMENON
POT OF GOLD
PRISM
PROMISE
PURPLE
RAIN
REFLECTION
REFRACTION
SKY
SPECTRUM
SUNLIGHT
SYMBOL
VIOLET
WATER
WAVELENGTH
YELLOW

Solution on page 128

ANSWERS

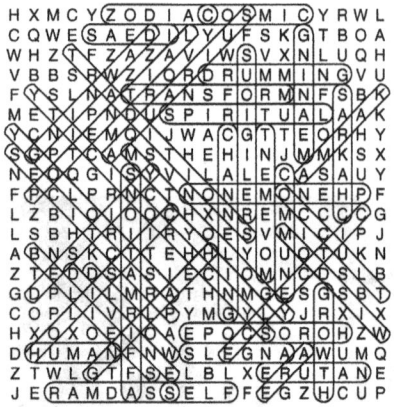

NEW AGE

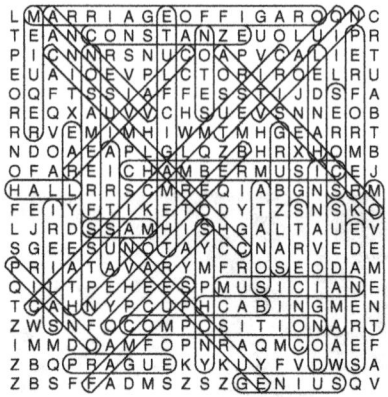

MOZART

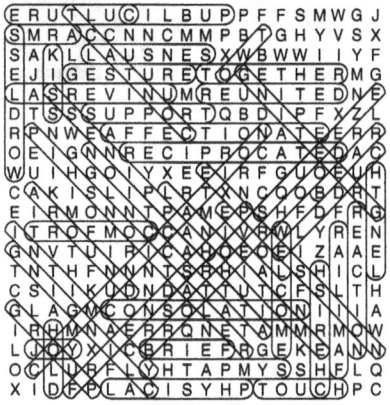

HUGS

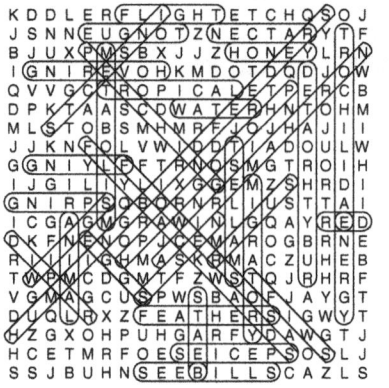

HUMMINGBIRD

MOUNTAINS

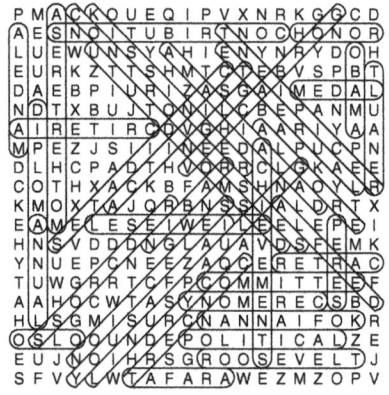

NOBEL PEACE PRIZE

C E V I S N E P X E E C I F F O T S O P
K O R S E P O L E V N E P M X X S E X D
E R V F D T M S K R A M R E T A W Z E P
D H A E A F N A C I R E M A A L G C A H D
L I A M R I A U T E I U J G B D L I P N
F S S O T S A I W S B O G H N E L P Z O
K T P N O S S P N L E N I T R A J A Z I
C O M M E M O R A T I V E S T A M P S T
A R A B S Y H P E Y E R I E P V N E N A
L I T O L K M I E Z N B L T A L I R P N
B C S O O A C I K A E I E L I H A O C I
Y A E K T S N O T O C E U S I N P Y O M
N L G S I G O I L S K A W N T U I E L O
N S A N A B O D O B B R G D L I O F L N
E G T M K N K C O L B E T A L P N E E E
P N S C A G I S E M S T R J J K A G C D
N O O L P E R F O R A T I O N T I U T Z
R T P M T M A N Y U T E D R A C T S O P
S F R Y B E E M I Y M L T C O U N T R Y
Z M F L E Y P F T S W O H S T E E H S N

STAMP COLLECTING

W O H S K Y F S J V J Y P F F P B E S I
O H C E H T P Z L U P R M J Q U L Y F H
L M E O B S E R V A T O R Y U Y U F B D
L P L A N E T S I R I U S P A C E B R G
E T S Q T S P G A L A X Y A W Y K L I M
Y Q Y P N C T E L E S C O P E D Q A G U
E T A V O N R E P U S H A P E L B C H I
Q L I F K S S O L A R S Y S T E M K T L
N O I S U F R A E L C U N O M P E H T E
J A E Y O F M A S D A E D O A N O O M H
Z B V T O N G A E T N T L E O W H L G U
W H G I W V I T S Y R A I E Y G R E N E
C Y V V G E N M P S T O Q O S H T R O N
L D L A N A T S U L I H L Z N T K N I T
N R U R I I T H P L A V G O G S I C S P
T O C G N U N I V E R S E I G L E A O P
I G D A R K V N O L U H M D L V X T L R
B E X V U Z Y I Z N O I T A I D A R P K
R N O N B M U N I G H T I X X Z C X X T
O X W M N M V G M X R U F R A W D D E R

STARS

B J O B C U R A T O R S T C E J B O Y G
U S C H I L D R E N E W Y O R K W U Z P
I C C O N S E R V E C N E I C S J N N R
L I X L E A R N I N G K N O W L E D G E
D M R E S E A R C H Q G I F T S H O P Y
I A P U B L I C V Y G O L O E A H C R A
N R R I W I N T E R E S T I N G D U V D
G E X H I B I T I O N S F R G P R M U M
S C E M Z R N O I T I S I U Q C A E S I
Z N O I T U T I T S N I M O S E U N Y S
G E C O L L E C T I O N S T X L G T A S
A J R D D S M I T H S O N I A N D S L I
L R C M U E S U M L A N O I T A N Y P O
L E T P E O P L E A R T M U S E U M S N
E P E I H I S T O R I C A L L A U S I V
R X R Q F R G E R U T P L U C S L M D U
I E V Q R A Q A R T C O L L E C T I O N
E R U T L U C D L A N O I T A C U D E T
S A O P A I N T I N G S T E N I B A C S
A R L U D I N O S A U R S R O T I S I V

MUSEUMS

V L U P Y Q U A L I T Y Z I R M E L E C
W A A S D H J Z E G N I T S A T S B Y P
B U B B L Y R A S R E V I N N A O D J S
C W I N E O E A P X M Q F A H C B A X H
B S J A N L J I L P R K R L G K L W S Q
W I L N N H N W Y C E T A R B E L E C T
G N T W L K C G C H F L O V E U B B A H
N S H A W E Y C N A L B L O H O C L A R
F E Y V L E X C A R B O N A T I O N N E
X P K L C Y D P E D S J B R T L P H X D
D A A S B A H D E O G K S V A I R S F Q
D R J U R M G Y I N U J O T A S O M I M
O G D I U Q I D I N S T S E S R D N N Z
G X U Y T T J Y D A G T C L Q U V D Z
P N B C S F A R E V R I V H P T C R J X
K Q Z E E B Q U M C H Y F E H E T C B M
E Q F N P T R X Y W I P U E M E I O N J
W H I S O F U U R T B D D R Y W O R B A
J E F D P S T L A G T I P S Y S N K O H
V U T G C S A T F V L I A P B E H A J W

HAVE SOME CHAMPAGNE

U F M O M U O E S G O D A F U U S X C O
W M B W R W P A U P E Y F N P N W B N T
I Z Z J I S E E P O X M F A E C L V D Q
N H U W B W S P I H C M X Y H W U Q U O
T R A W E T S Q X H J O X G K O W S O T
E F B E S I A Z A G F J P T X J R T C M
R B R X N S Y D E M O C L I V E H R Q S
V A Y S L O E V A R I E T Y T G Y N O E
I R E R U N L C C O Y D X S I M O W F B
E N F Z D C N L L R N M N N K S F T T I
W M F K O E Y E A O P O R K U R L S F E
S R U O W O Y T S E M E M G G E O L W S
W H I S M T N R S L V M R H T H F O X G
A O U O I E A S I O E E J T M C T C O V
U S V H M C R K C L E N E L T G O S C A
X I M U C S D C S N O R O I T P S N D U
E D C T K U A X I H M E C N E I O U A D
C O P I N I O N G A O J U E P E L N G N
D B T U D P U C N T L W L B G T K L A T
F S Z Z L Q V B Z H E S S Q P R O U O B

TV NIGHT

C W C J N J F U K U H K I U M E R L Z E
Y Q B I K H D Y J C Z K Q I L E J R K D
L S E Q Y N V G U D W D I A G R A M S C
G E O M E T R I C F O L D S A F U N N S
X R L J P A P E R F O L D I N G O T D L
O A P C A J E X T N H M L Z T I A H I E
S U V R P S N X C T T B X I T D U H S D
R Q D A E E T R K C A V Z C K G V N P O
O S D N R B U R Q A J P U X H S B L L W
L H I E C H U V H P W R E P C R P S A F
O H V S R U N F T R T D H S O N W T V F
C R D P A T R A E S E N A P A J H W N T
P W O M N U C S N O I T A L L E S S E T
B A S B E I P I S Y R G I A M J B C R J
R O T S R L A N O I T I D A R T H C D D
M L X T K P G H E R R W T T W N V P L W
F D N E E I Z A M U T I A K I G D X I Z
H I R T S R F N S U C K O O B R T Q H N
P C F E M B N D P S X W U S T F A R C T
B E O J U S U S X M X E W J H X R Q R A

ORIGAMI

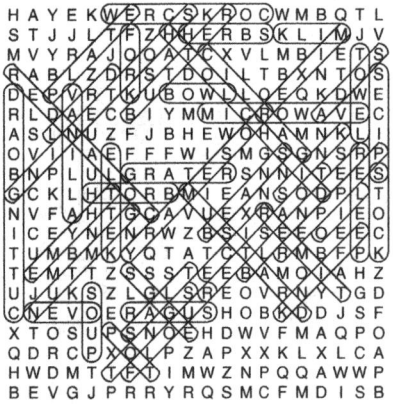

COOKING FUNDAMENTALS

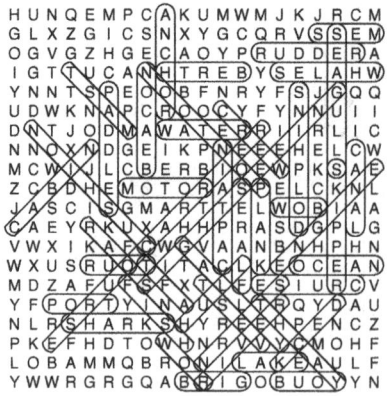

BOATING

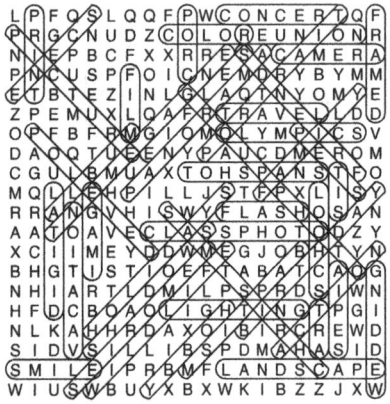

TAKE A PICTURE

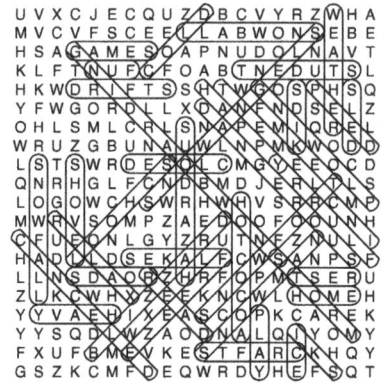

SNOWED IN

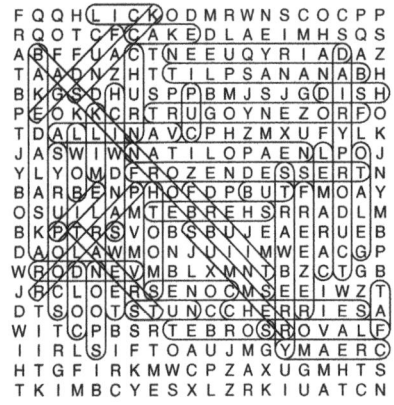

YUMMY ICE CREAM

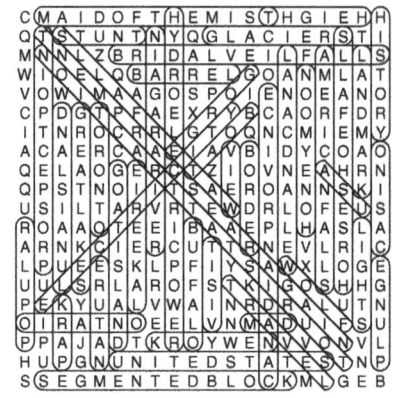

NIAGARA FALLS

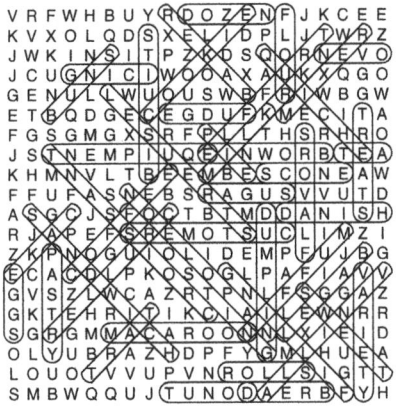

BAKERIES

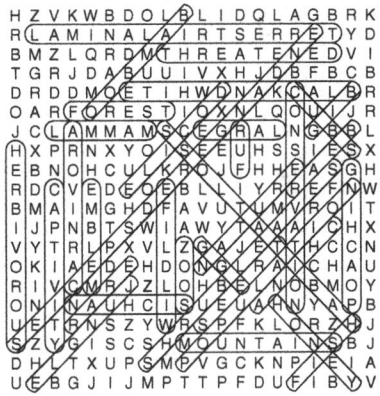

PANDAS

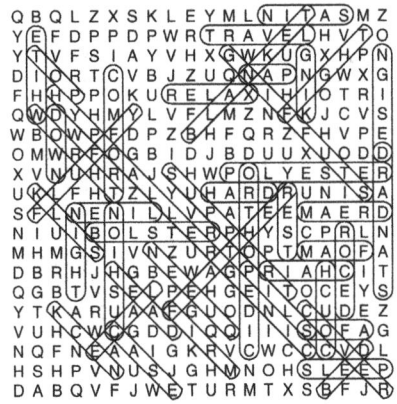

PILLOWS

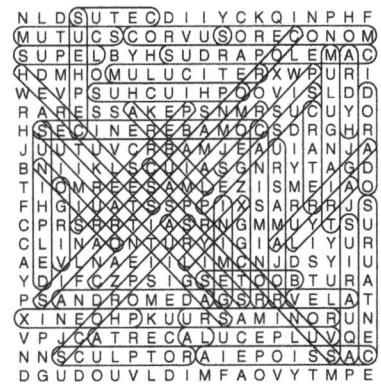

HEAVENLY CONSTELLATIONS

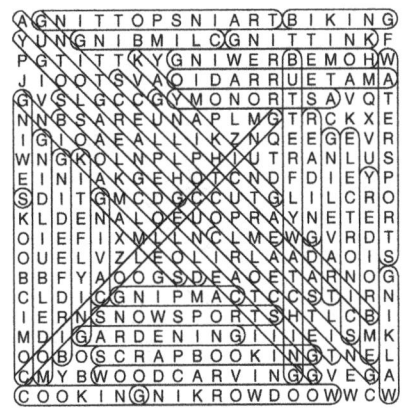

PLEASANT PASTIMES

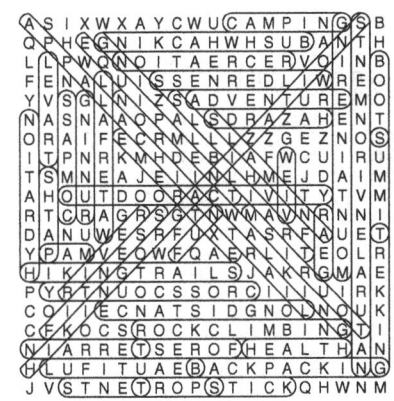

GO HIKING

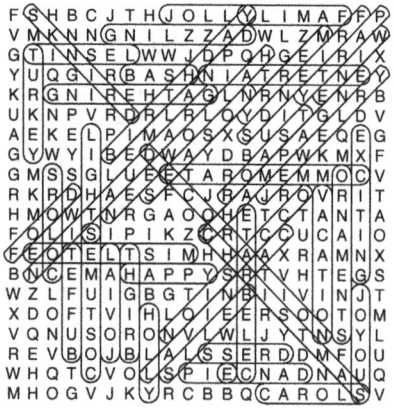

FESTIVAL

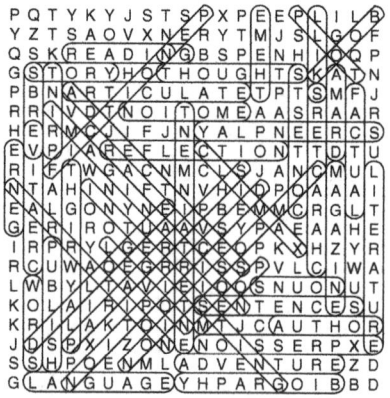

LIKE TO WRITE

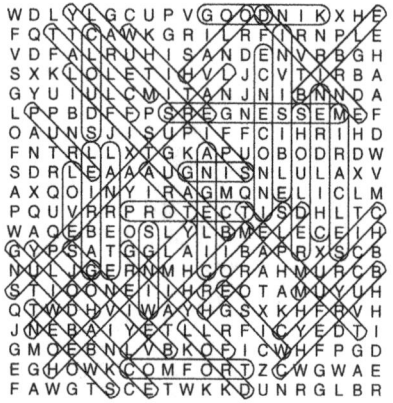

ANGELS

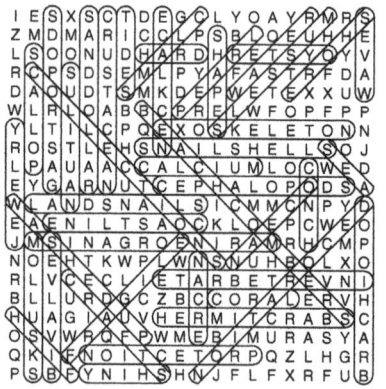

SEASHELL COLLECTION

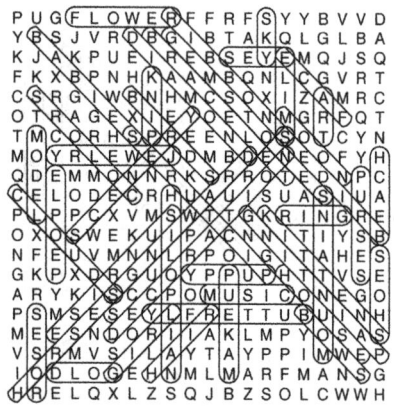

NICE AND PRETTY

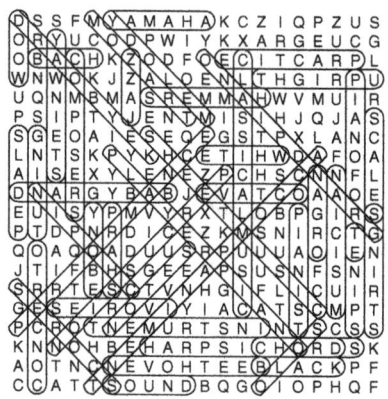

PIANOS

B J B Q P U R Y S W E E T E N E R D R R
H J L R O O T B E E R L S N I F F U M G
D S U G A R B A G O L H A E D W G J I L
M T O F F E E N I A A K P E I H V N L I
H R J D M L I A S M M T N A R T G J K C
L Y F F A T W N T T F P L I S E I Z S O
B A A F S P R A M J E L L Y R T C V H R
Y T E O A Y O S S Q I B O B M P R E A I
R T B L W H I P P E D C R E A M S I K C
P F N U C C J L O G E E N O R A C K E E
Y T O B F I J I R R A U O W S E P O O S
J A C P U F S T D D D T M J H R E O L A
E A C C O B L P N O N C A I M C X C H A
I Z A E M P B E O W U Y N P A E R Y Y X
T D N L D E I L M P S E N O L C R E J A
P U D D I N G L E F R U I T L U E N G C
I Q Y E W T E D L G D C C B O N B O N E
E O K O R G T Z U O U K L D W U R H R N
C A R A M E L U M F L M D E S S E R T S
C B D S I Q V B V L V T B R H M G P E H

SOMETHING SWEET

S O B W S T O P S H P I N Z R B R I C Y
S G H T V R L S W A L L O W T A I L W E
E Y G C Q O W I N G S T O L B L A C K L
V W O E S P R I N G G I E L C R E M S L
A Q M F M I N G P V T P L T V L W O V O
E L R F W C M O N E I F L A F R L N R W
L U F E C A R G I D L M L N S M D A R O
J C Z P O L C M O T I C O Y S Y N R D A
P X F N L F A P E M A Y X I G R C O N
Z Z P E O A T A I T M H C E N L H O T
C X U C U E E C E A A P R M E W G I C E
J F P T R S R R E R M H O C F T S O N
X B A A F Y P G U O S W O I F A I I O N
U Q L R U I I E M W N N C R N S F L N A
D R S F L M L Y C A S Y R I P L N K F E
X M T L D B L H T I J L L E O H Y A B U
J V A I U O A U H J E L W W T C O X R X
Q H G G P S R A A P O S E M A T I S M T
B M E H H E S V D P C R C R E R A U I B
D S H T O M H T C E S N I F I R T P P S

BUTTERFLIES

G K X S J X D S S T F A R C Q Y W U N R
Q K R R K V T X E B L A N K E T S C G U
X P S E U C T B S T A N C G N T E N U H
K P C B C R O C H E T I N G A R I V P V
F F O I O S A S M D K E O H U D P Q Y M
F H L P R R W P P E N I N T N D Z G P H
Z L O T V B D O F Y I B X I E O N F I B
B R R E P O A E R H T E B S K I G S Q W
U C S U A A A F L Y T I L I G T C E H E O
E P S I P C T P A A I G V T L H O L G O
W K U W L V M T Q R N C I X C E T T O L
E S P S E L D E E W G N I T T I N K S H
M M C I U A D S J R K A I R N C N G P K
K I M L X N T E E D N T U G C O A B T J
E A T C O S Q E N V S S R G T U U Q N I
L L U T R T P A R I O A A K E S L H E T
B W S F E K H O T S H L N A H G F A M P
A A G E F N D I O U S C G N I B B I R H
G R N W S M S N N L E V A R N U B A A W
O P I W E A V I N G A J V M C V S Y G K

KNITTING

L A M E N T A L M F L I N S I G H T O W
T M E K E P A E V A H R K T M V L R E P
N U P P D N T K U S I S Y L A N A A H S
E A N R O H L S R I Z X E P Q D R N T Y
I R E S O C I D U E F S T U D I O S O C
T T R D C V B C O G N I T I V E I F L H
A E D R J R E C O N C I L I N G V E N O
P Y L E R U T P L U C S S R O F A R O A
Y D I S O R D E R S N H T L A E H E I N
E E H L Q I K R T E K S O N R C E N S A
H R C W O G P L A A V H E Z I N B C S L
K E H I M A G E S W C I N L L A D E E Y
V S T R E S S S W Y X I T R I H G G F T
A O E X P R E S S I O N N A T N X N O I
D L Y O J N E P R N H A G U E E G I R C
U V P L E A S U R E S T S L M R X K P V
L E A R N I N G L M R O L O C M C A J X
T P A I N T I N G J L A N O I T O W E E
S W M B F G R O W T H C O N F L I C T S
A I D E M U N T E C H N I Q U E H S D L

ART THERAPY

N A T T E C N A P I A D I N A R M F J K
O C P I Z Z A N A S E M R A P E N N E R
C H E E S E L L A F R A F O C A C C I A
Z T O N I L O C A J B Z C I A B A T T A
I L O I V A R V A M V I T T O C S I B L
T R D R S F O C O R A O T T O S I R S P
U T P E T T E L I O B R S E I M A L A S
U P R O A E M T L B G O I H V A T K U Z
U B O K A L L O T O G V N G V R I H C U
N A S U E T L L Z U C T N A E I U G E P
A E C A N H T E I Z C I C P R N B N A A
U B I N O L L E N N A C P S M A D S P T
Y J U G R C T G H A I R I A I R T U Q U
W P T A T O U C N C Z K E N C A G E N D
H G T S S U T B A O S N J L E Q A S Q N
T E O A E R L A O L C U A A L F R E D O
Z L U L N O F B M S Z C R P L A L R K F
U A D D I R U B T O S O H B U Q I P K S
H T I K M N R I G A T O N I V O C A R H
N O R Z O O I M M A V I T E L L O C N D

ITALIAN FOOD

A P K B X G W P U P L I K D U B J M L F
P F Y U W H N L G A I L A I N N E R E P
A H O Y D N S F H N O I E D I H C R O C
Q L R E B T S P K S S J S T R A T C E N
V W O C A D H N R V Y K T U L I P R Z R
D O B W O S O I O I D S I H L H Q X E B
O B E O I G U C A R N A T I O N E D G E
W V G O T Q E Z L O C G Z T E U Q U O B
M G O I S A J W S K L E O R H P S J N L
Z U U M U I N A R E G S E V A E U A F O
S R N M W Z E Y V K Y O N T S E T A V O
F E E U P S X O U N X R L G R U S U N M
M T D S C G L E T Q J F L O R I S T P T
S A R I Z U L H Y P A K Y E P U M E T S
S W A R T W E L P P A B A R C Y T D C X
A N G I O S P E R M C O E S E A E O G G
R I O L I D O F F A D T I Q L W L R Y P
G N O S U H S Z J W T B R X R O O L H T
D V T M E I J K Q Y I U O I B W I L P T
B I N O X Z V I Y H L I P I D L V Z E R

FLOWERING PLANTS

I M E H M B J C Y U P L W E N C R O I X
T P I N A I S N E T R O H L S E D G U M
V X D Y G N I C N A D I S O S T I X Q F
F I S H D I V E H E E G L K S S A D E Y
R Y E J C K M R E T E T B R T P V G S R
A W L K X E S B N N M E B B L I L E E S
P W I N T K D E D I I A V A N T O I Z G
P A B T M O M E M O M E F C D T T N T A
E P A U U E D T X P A S D E D E U X S P
G B L B G A U T H I E C N A L A B J T P
X X L N N O V E M M A R A B E S Q U E G
I E A S N M L U R E E P F I C G T M I S
M H B R U B S O R D K W A O E U C P L R
C J U W M I O R R B A L L E R I N O P O
Z T P E C L A I A L L E G R O M B Z Z H
T Y S O E B W P F V N S A P D N A R G E
L S V V P B M O L P A R T N E R I N G D
A G A D O M N W E X W V W H X U Y W C N
W U O X F D E S S U S T A H C E R T N E
B R L A U U O T P J D E I Z R A J J N D

BALLET DANCE

F P R N P K I F I E H L J W K G Z E E P
W L O X H M I C K K S L B F E N E R E S
S T Z C D S A R Y P S U U K O R W I G S
I S D U L N K C Q Q E R O I X G I V V Z
M N L A O J E R P H N S N H R G L V I A
P T S E R O F W E I R U K U A M D H E N
L A T N E R D S T O E Z R B I F L A W R
E K T M L H Y U T B D A G R E R I F S Y
R Q Y B A Q R A O T L N M L T D F S F R
K R R L X E R X C Y I S O L A T E D G Q
D Q T U I E A E L P W L U F E C A E P S
L P E N N M I L E R F O K T V T I D E E
G O S E G Q A E A I G T A A X A D U Z C
D J G H V M L E S M N M C R W E E L Q U
T K J C S S W H D I I A Y A E R T C D R
B H T I L K I Y A T T V Y K U T E E U E
H E B I S N H U N I N F E T Y E L S W X
R K S K G E O I O V U Q A J M R T E N B
A P Z N E J U N P E H N N Q U I E T H W
R X Y G Y M W G T R I P O R C H T A B S

COZY CABINS

W O R K S L E V O N V M E L V I L L E L
V I L A I N O L O C F A U L K N E R P R
N F K C E B N I E T S R O H T U A R G Q
G N I V R I T G T A O K U A E R O H T H
J N E Y R A R O P M E T N O C S K O O B
V G A P C U M S A A L W I U E E A E S L
N T N U M S K N E R I A T S I I M P Z M
G O D I A A T W H P D O I E C N R E A L O
N E S W T I I I A O N T N D I B O R S O I
T O Y N C I W L I U Y M S E P T I C O A
E E S I T R T L V H S T N S S C L H H
R M S I H K G W V I P I A C R T A A C I
X M E O R N C H F O W L T E E R N S S S
F X R R I R T I E W L A E F R O P S I T
Y N C D S H O T D A T E S I N H O I T O
E R A G E O S M R O Q R U C E S E C G R
N E G A U G N A L G R E A T G A T S B Y
R S T Y L E G N B E N G L I S H R D Y D
U E E K I D P U N H O J M O U L Y Z P Y
R N S R E T I R W H E M I N G W A Y Y I

CLASSIC LITERATURE

N I Z T S E F B P U W C J Y S X S N U B
D L P C M K W B M B L L O H M O T X F Q
Q M L X K G I Q P E P P E R F M G Z P U
O F P Z Z P A D Q S A U T D N D W S Y X
L C T W Q R P J S T T L B E L B A T U X
Q R N Y W Y U N H E D A G A R B E C U E
R A O L N K I C B T L B B G F F O H M K
L C H I C K E N I L P T V R P L G C G A
G J V M P Z H O L I E O H A A S E K O C
D A C A T C H I J K R O B S R P E O D U
B X U F C O S T S H N F B S K Z L X T P
C O G S C P L A Y G R O U N D I C O O S
L J G F O I E E R E C L R V C H W H T
B G P N Z M N R N D G P U E U H E R C Q
E F S I D L R C A N R G S L M A E O I Q
T I C F C C X E I U U R B O Y R S O W D
L M F R X K R H H P B I A O P C E D D Y
Z A M K L B L F H T M L R C F O M T N T
P B U X I N T E K N A L B S S A A U A Z
V K M W Q L W H S R H Y I S N L G O S W

PERFECT PICNIC

B D S I S D B Z Q T A N T E R F Y F W B
M V S G I P H J Y V N R O Y R D J Q U Z
S E S R O H U X N Z E V Y U B C S U W S
L K T H I H A R V E S T R L C X Z K W E
C V W L P A A B S N L A R G T U T Y W A
G L E E U B H H P N L Y S E K A N S E W
M E E E S F K C U R T P U K C I P D E H
F H S A P C S M G B M S C E R X A R F C
S R A W O D M S A N D W L S T G N A I O
T L O X R O E D I I I P X L R O H Y L W
L G A T C G I R E L M K J I A K W E D S
H A Q M C T F I D I B E C E E R T N L L
B R R S I A F E S I R U L O G I E I I O
U D D O M N R J I U L S E Y R A V W W W
T E N I T N A D T T B D E E T H E C O E
L N I V E S H S U X O R S M M S F R K R
J Y P S W O A R W R A W O R T E E F C Q
U J S Z V P E P D N I I A O C R N F H A
N I C Y Z E A O C N N F C C K F C E I R
P O Z T E G B H G M L K P E A C E F U L

RURAL LIVING

J E T N T M V Z Z A F N X A V G N K I V
Q W S Q Q O M Y V L T U E X U P U C D N
F O E S T F A L N N M S N E O O L F Z B
B O P P T I M E Z F P U T W K O S X Q I
E H Q K K X B W E O R G O G G L E S O X
B E C A V S A O R M S T I N I K I B N S
L O I M W Q A T A O L P I C D B S N D C
G H G E F S C R B T Y L F R E T T U B X
I K E L K M W E E I O V A C C C R B O O
K F P X K A N L A O K U R H N N O T A T
S R L B T E U A C N G E L V A K K G T A
K X M E S T G Y H E A O L A R S E N K R
I A B T E V I D F T R R O D U P B I N R
Y P I B N Y L I I I E G L J D L S N I F
H T V W A I C O N M L Z Y S N A W I S B
L U E A L T N E M E V O M L E S P A V D
E F B F W K H I C R A K P T M H Z R V M
G M A D A T W I E A S W I M S U I T J E
S W O U R S F U N S R I C C W I I A N N
V C L A C M Y O S G V T S O K Y E K P M

SWIM TIME

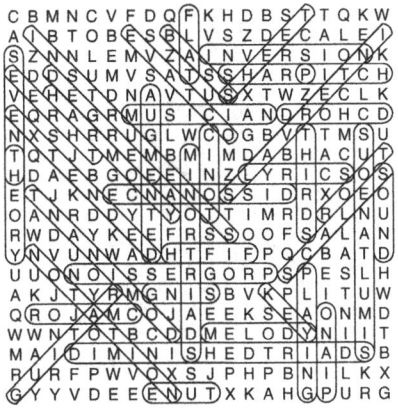

MUSICAL CHORDS

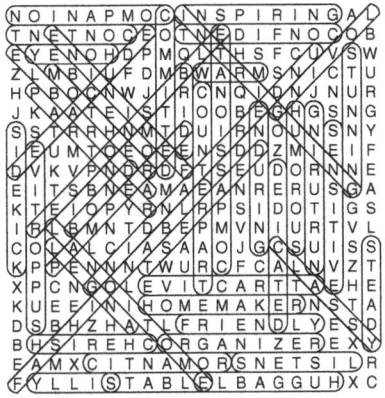

MY WIFE

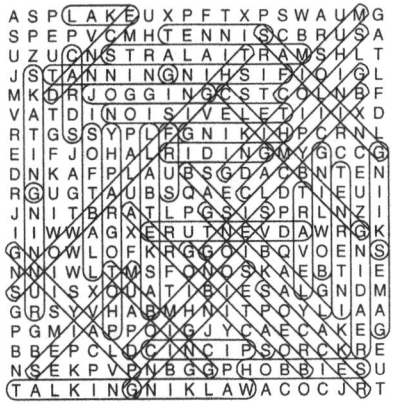

RECREATIONAL

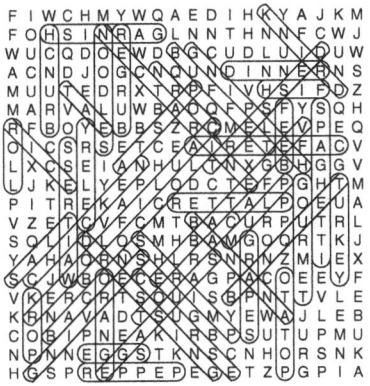

EAT UP

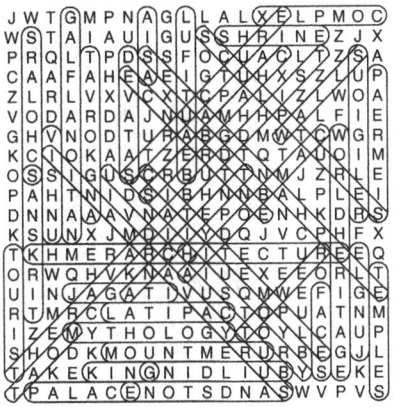

ANGKOR WAT

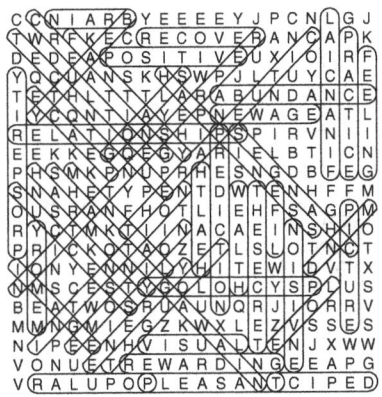

CREATIVE VISUALIZATION

M R E E K S C L Q A X H D P L F C W L O
U E N P A R K U K Z C N T A Q B B O L M
J C T K V H A N L E A V E S F S D O A J
E B E S H R U B E L L E G O D A X D F P
E R C F Y R Y B D C E I L B C Y R Y O W
S I U B T S T O O P W I K X G L I P R C
M S R T G J O O A T A T A E D P L L E L
C T P M A W S C A G C X N P H P X A S I
P L S C K N S E E N V I R O N M E N T M
T E R I H O O O W D E R T S A O C T S B
C C E M N E U B C R A O M X R C E S R I
V O C A G E S A B T S E R O F N I A R N
L N L G C N N T S Y H L G L X Y N I T G
D E D I X O I D N O B R A C M C N H S N
Y P R B P R N T O U H A Y A H G G J G I
N I L Y W B H I N I T D P E S I B R L W
S N R A D E C N F A R P S U L A B O R O
H E T L S H T R A E L T Y N H M U O B R
O E O I R Q I D S E R P U K X C W T V G
R K S L N F Y S V T P S P E C I E S Y A

TREES

B S W K E P H A U B M I N R V S R M C Q
I B Z P Q F Y L I M A F A A T H Z I S X
X C L X I E N L U X T N E D U T S K H J
W H F A D C A S H N O R D P G U L K I O
A L O J N D T P C P V V K A M E I S N Y
V S T N W K N U W Z V P E K G O B R X C
R Q M D Z W E V R R E L S R S E M A G T
I U F B M M R T D E T S W E S T S I J W
N P N T R E A T S D S S I N H E F E W G
C V Y Y S E P E S R C J A R I T A I O K
I X S B D P D V G I L C O R P S O S G M
Z O D R H N N S N E K J T S P R C L D O
N J T O P G A O I S L E R E I M U G C V
I P T W O W R C D F L L C X N Y D S U I
I O C N P T G W R I N I O Z G O O E N E
S P P I C W S B D Y A F M C O O K I E S
I F P E O D Y T C L A Q A F U O I D C B
T D L S R O T N E M E M I X C J L O V E
O E S A N P P Y R A T I L I M X A O D R
E F C P I E Y G P Y J Y X S K Y W G M M

CARE PACKAGE RECEIVED

A D Z K W V T V J E T A H Y B H M M H V
D F D I R K C H D C S U W G M P U C Q L
S R V D N N P O R T A V N Y R R R V K V
C E G E E A Z F R E S H W A T E R A N G
R B J H B E E A A P D N U P V F W C E
M J L C Y Y A C T E N U D A W I I F Y L
I Z L U E M Z L O M Z G O O R B N C U O
N U S L E P H D L U S X E R L I S A E P
N T L D B F S L G I Y U S R G P P T D O
O A E Y E K K P N R E H T R O N H F R S
W N D T S G F S A A T G D O C U F I L K
D K N Y E M D D H U F Y T B L Z G S N R
V X I U A N R H O O L X A I H O M H X A
P Z L G F O O M D A L P Q M L A O X Y H
F B R A O M W S C X P J M D R A X M S S
F V A N O L S S L I O N F I S H P I E A
P L M U D A M Z E A Y I N E E V F I L N
V F P Y S S A B A E S E Y A A N F P A J
T B U D U O U I T H A L I B U T I R H F
L E Q S U R I G C K B P M S K H F L W B

FISHY

Y T H D H T P G W N V R W U U U M K B R
X A S T P R A Y E R E S I S T A N C E N
R E U E S C N E E T T D L S H M Y T L I
J R L F D I C Y N H E I P A O M R S I A
T S P T O O E E G O V I T D N E P U E T
W I X O N Z W M L I R M E S Y I O M F I
G C G E V E R O C L A E Z W N R O U S R
W A H R V E G E T A R I A N G D V S E B
L R Z O E I R U G E P L I S S W A L V R
U D M J C A A T U D Y N V I L C I I O E
Z X A A N L T K Y B G H W A R G B M L T
E K L N E N O S I R P N P A I V G K K I
S C I T I L O P O N O L M O M A R T Y R
I B R E D A E L A U D T N M S B L S Z W
A Y P E E C Q T N E L O I V N O N I F E
T Z Y R B I Z Y C A R C O M E D L V W C
T S E T O R P U S Y T I C I L P M I S A
G C A V S F D F B A Z P U M F A I T H E
O R C P I A Y T A S Z U V M L E R C R P
W W S H D E T A N I S S A S S A Q A K G

MAHATMA GANDHI

L X R E N V N R M W U L C N D E S E F N
R K C E I D O P E T O S T A R S Y I O Y
D L C S L Y Y X D V N X B G N I C N A D
L A I E T A R B E L E C Y C E D M T N K
R T S C Z S T R O L L R R R U L E F E
T O U M L A C I P O R T A O J W K E S S
K B W G N I D N O B O P S D C E X C S I
W I O A R Y A P G N S E R N E C A Q Y R
K S G V N Q N Q V N S D E W I P T C T P
R L U F E C A E P S I H V T E B W H V R
K A Z T G L E X L S G T I Y E M A O A U
X N K Z A D E T A W B N H P G Y L C H S
B D C V I X L P P N G O N A A A K O O U
N R I N R T P Q A B I T A D H Z S L T N
J R N R R E U N R T U A R H T C I A E S
Z E C H A I O Y A L H U T C F T N T L E
B X I B M U C L D E T G I N U I E E P T
J A P G H Q O F I A C Y I D U U D O I T
U I T R O S E R S R W O E L O O L M R L
D L F Q I W S T E K C I T S F E M O T Q

ROMANTIC ESCAPE

L E H S X W E O R S R R I N G S T A R S
I K T E L E S C O P E L P V N A W N Z A
Q G R E E N O Y A G Y M O T T G Z M B
X S A R A L L E T S A A B M F U A A M N
L U E Y E V A C W R S S O N O R T Y N A
O M X W E T R I S E E S G X R N E L S N
O B O N Q W S J O R P I D I M E L F M O
G G U O O F Y U V H R L A P A C L P I L
I G H X N I S A E S E Y U F T N I H B L
U S S E A S T R O N O M Y T I E T V P L
B R P F D I E A U A I D I B O I E S S S
Q R A A O V M T T Z J I P L N C S U P R
G N G N C N P V W O R L D Q K S C H W E
E J A L U E E R D X E T L Y J Y E U V E
S C L E N S O N S E H S T Q P R M I P P
H M A G C G U W T G D I O R E T S A T Z
K N X F B O Y I I U V M V S A S R E Y O
R K Y G B X P L I B A Q I L L A R G E A G
G J P Z U U M E R C U R Y M A N Y N Y P
B T A J J M S G O H B S Q T K I D P W S

CELESTIAL BODY

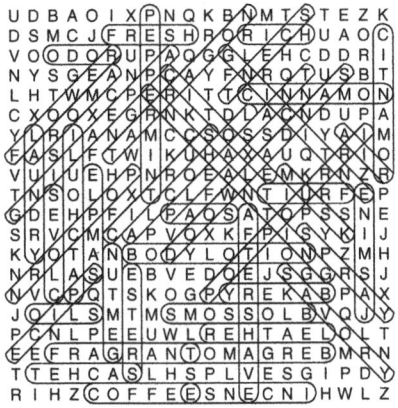

SMELLS FINE

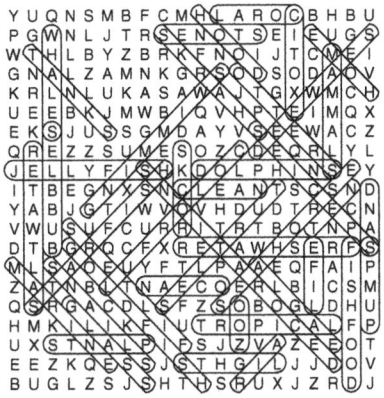

AQUARIUM

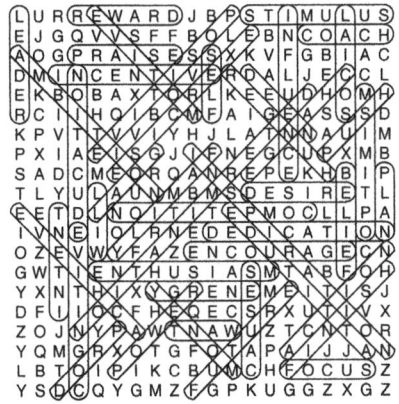

GET MOTIVATED

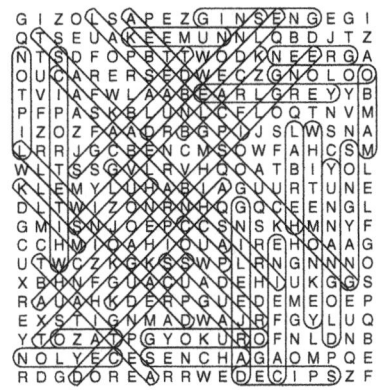

TEA PARTY

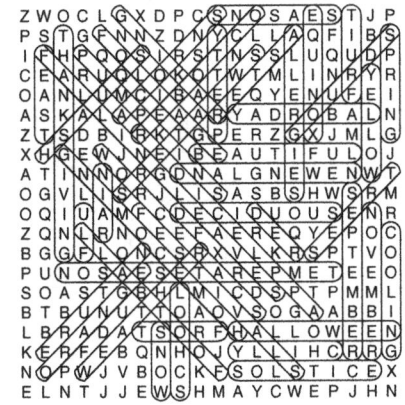

AUTUMN

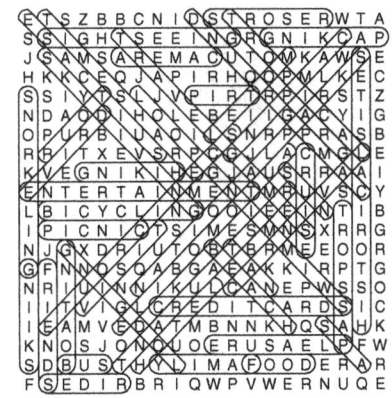

VACATION TIME

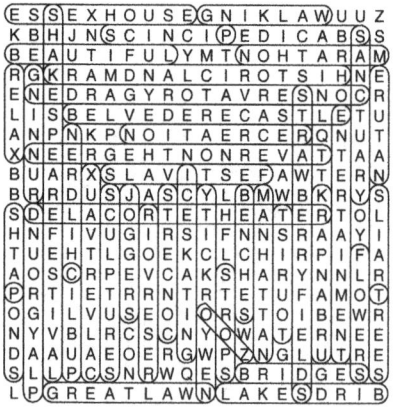

CENTRAL PARK

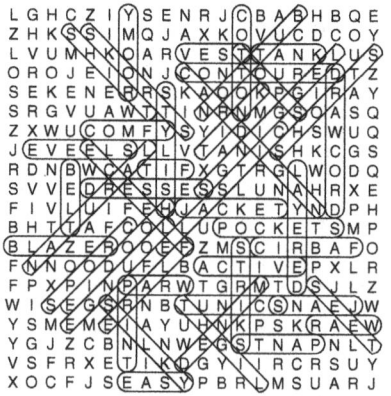

CASUAL CLOTHING

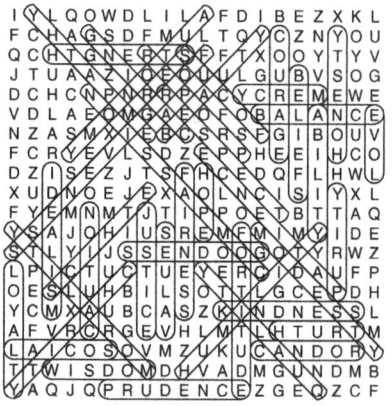

VIRTUOUS

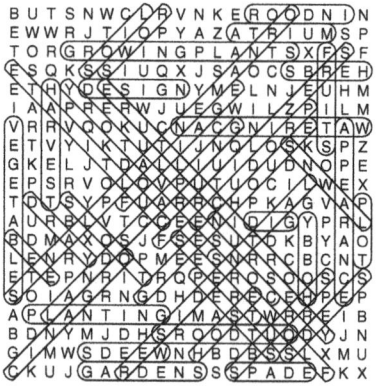

GARDENING

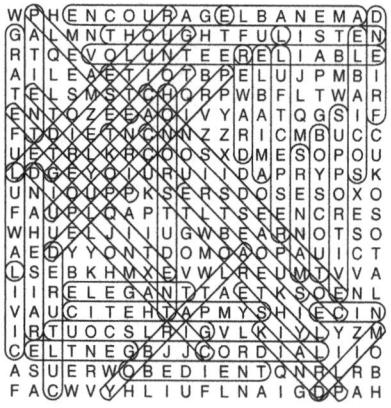

VERY GOOD

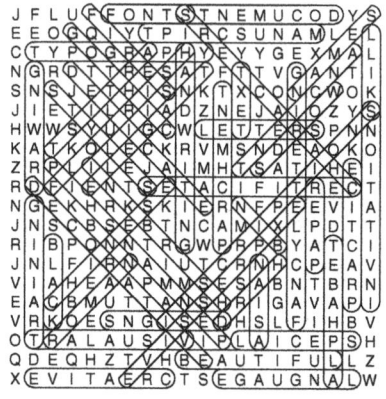

CALLIGRAPHY

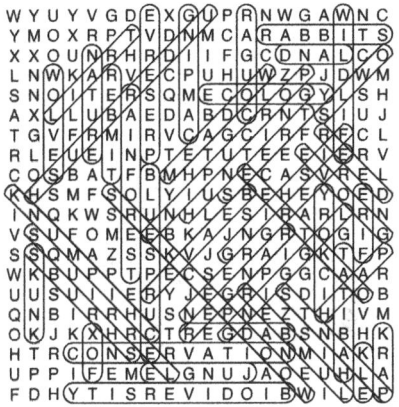

DEEP IN THE FOREST

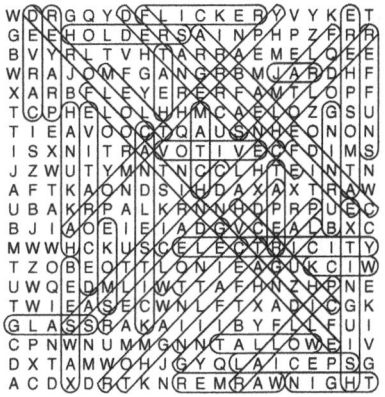

CANDLES

FUN TOYS

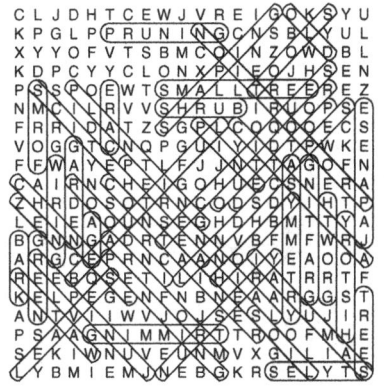

BONSAI CULTIVATION

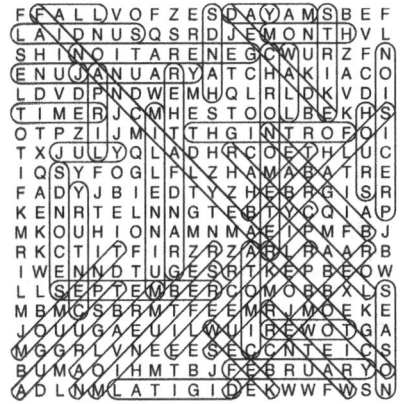

TIME PASSES

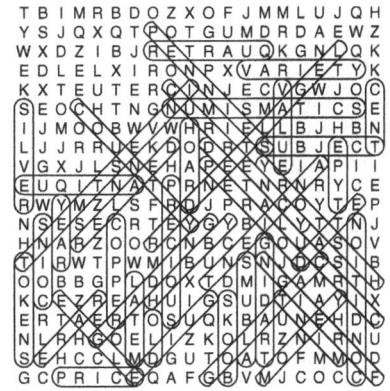

NUMISMATICS

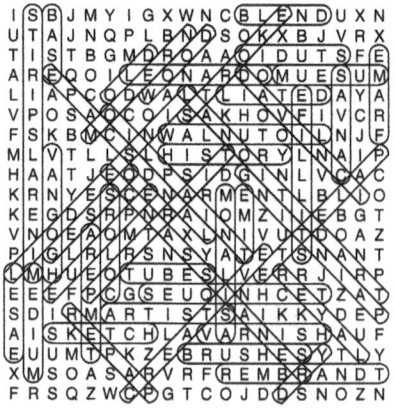

OIL PAINTING

FUN WITH KIDS

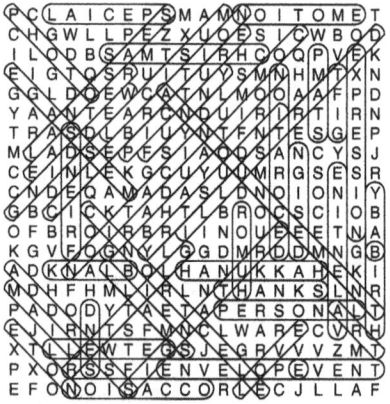

GREETING CARD

EASY JOG

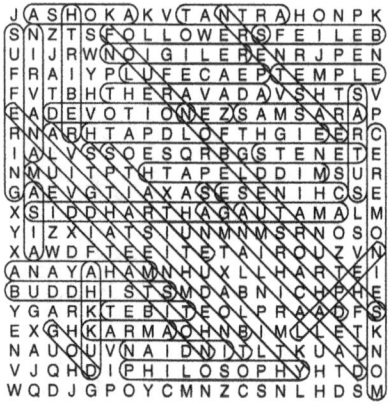

BUDDHISM

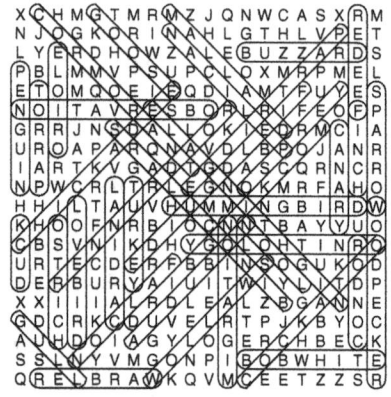

BIRD WATCHING

GXBVDYOTFCRQTAMFHXVW
KFIRINGGJMDKILNSKILL
QBQPYPENXWWSOEIKHADU
ZONRHNBWICWNDLOMYNSW
LTXVHBSUFPUBOCQLCQAP
FUJWGNITNIAPIRMMNEBA
PCYOVNQDCIQHSDPKAIRH
IQCQQGEEEZAVSLORHCOB
KEVAWLRCKYXLAETMHRUJ
TZSESAVOYUDTEHTAORWL
ANIAMZDRAHEEECEANDMN
YGMIRIYALCINROBIEVAS
BLCRBNETMIWILAISOHRNW
TGBFEGEIAAQOGHWLPGCS
IDWTITHVREGOIGHEICIL
TZTCWNAEOYHNDUESNCEZ
BXCTHROWINGMLPEBAONW
DHPECITZINKQUDLRRLTZ
YRXBARNNNABELITBOWLS
HSLYGCRAFTOOLSFBIJMD

POTTERY

LAJHKGEZCJXTHTNPNOSS
GHLWLGEMYHTRSTUDIESS
TKFPAYEGSRTOJUICEVSS
TRKSNOIAALUGERBSRCEH
BZIRPOCDHBJFXGADAIIE
NAMUHAIPCEELSNERNNDL
ABNFRTCEAEREYIEFDREL
NGATCSNCBSABTUUZMS
UTXOODOTEALOPSGGFCEV
MENMMKDIMEVDZIESBWHRS
AAWFHVNSPGLONVUNEERG
UEOXERXIRONOCRMTLMOR
PLRFRDRLKSUHSAENIIOV
KIGOBEXATSONSHRTMCTF
ITNQOVSBBPVTDXIAOASQ
RCDPLIERPXHEVSAFMLRH
MJIZOREETANCIENTAPAI
YLGVGEDHEALTHNSXHNJD
PRBUYDELIOBSERUTCNIT
MOWLQDIISCVNMWMWTPMO

HERBAL MEDICINE

QOIVHSXMXXOCQCSSRTGU
GRJLTKPTAUNSYOBIKINI
MIODKSTEKCITENALPUVR
GGRMUSICSWVACATIONRE
WWSLADNASMWHHAHIAOLS
MCEUSNEERCSNUSIOZCWO
ATYZARCGODANCINGYIKR
EDVRLGNEALHVEZGYMXLT
GNIMMIWSDOOOXJSSOEPI
VOJPYERUTNEVDAUGWMDR
MCSTOLKERXRJCIIOZXOS
IERJBLLNIVFUTDTRGGUS
CAELSDPAPWLSSHPNENAF
PNGUBSRABNSUCEIGBIIR
KDAGUSNUAYNACYIURXRI
SUNGLASSESEKAOREPAFE
RFEACOORHBULFNYQALAN
EKEGTBQINZPVLUQYHERD
CETEAANOTYADBONFIRES
QTFCBENFCMGTRAVELOOP

SPRING BREAK

PANULGRFEBKAAGGSDVEG
EQSTNEITAPQDSUPPORTW
WXOISSVSEXPERIENCEDG
AJVPHDKOMHGKEENZECAO
DEIHRNWLIETGLBROQU
GCNCDUOXONLETAYAUOHD
TGAFEWTSITEUQKTKFW
UEPURLPNHONSRGILICI
TUARHAEKPESSYOENUEVS
NSTESRONNPMHBTXGCSKE
RUESSBGINUASEIROTS
ELRPSERTVRLBELDERLY
TPNTNRAELIWNCJSXLHU
EWAOUTBDYVOLANRETAMS
NZLVIRLVEGENEALOGYXE
CAVOITEUMRAWSEIROMEM
XVNCKLAMDNARGPJJDOUA
HAENLGVCFOWOIFOBHEOG
CGRVIMHAPPYVVEIFMIP
GIMCCPVFUVMYLOVJLZJG

GRANDPARENTS

MALDIVESTTHOMASSUVVI
REQJTGMEXICOHUUOUGEH
NCSTSODABRABICTLTLSI
THAILANDGNRTSJQBAJCS
OILUDNALSIISUAEUTAR
UKUSGANYSRBENRRANMPS
RIHMGNRFUIBGOAECAEER
INSIOMIAHZEBRRLHVDEV
SGUWCJMEPFAAKUAEQSAC
MPNSIOHXERNLEBXSOCBW
CASIRKKTOSZULAARAPIP
ULCHOLVBNSTIILTTDRHI
HMRITBQUIITHNSICUBAD
PTEGRRBZPRKUGOOCMAML
JRESEASIDEDINNGRUXC
XENVUTTRAVELBOSSEGMX
WEMMPEASYGOINGCZBIFQ
JSHMBPJWOILACIPORTAF
TVARJKPTACITOXEBCNUS
AQSFTQDKJVFURIIAWAHV

TROPICAL GETAWAYS

FZEBLBYLEDTSEMUTSOCU
QIBELDREVTOSOUTRIVT
WAGNERFHKELKAUDIENCE
YRTGIMUSICIANSFRSOSN
RTALCONCERTEMEHTOROO
OREXITCAHSYVULBPCGR
TAELVBSALLACAIRAMHES
SDKALGRULKQYMLMSOECS
IIRNAXEMEZZOGPSCSNE
TTWONUBYTLATRAVIATAK
SISIENTERTAINMENTRMF
UOLBSOACYEOCYTVUHARZ
ANICTNSVONNNISTAGEOR
FPTGRACRONSEMSLONTFX
TPAVAROTTKTICLSCNZRF
AALCUPRZNCGRNSHAWREI
OUISSOEGFCNNAGCZLZPU
YGAMSSEYJUOIOLIGACEB
ZRNEMBACVPRZEDTNBCCX
FPWESTERNAGBBQFOGCSF

OPERA

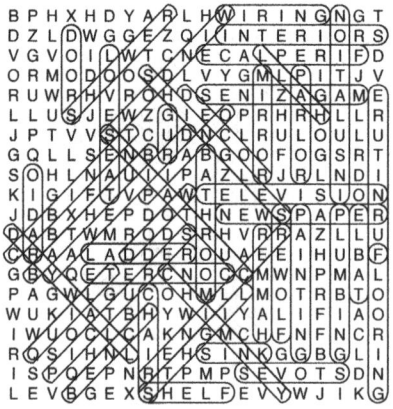

AROUND HOME

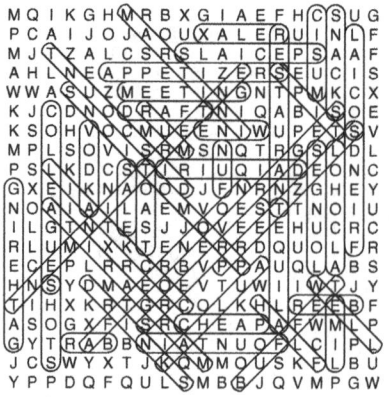

HAPPY HOUR

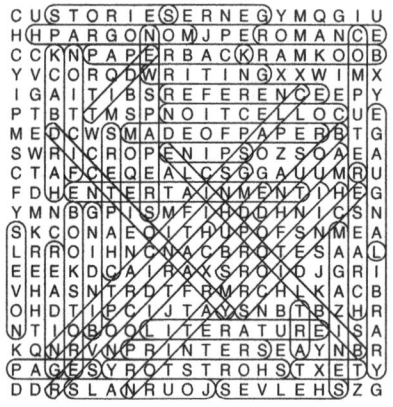

BOOKS

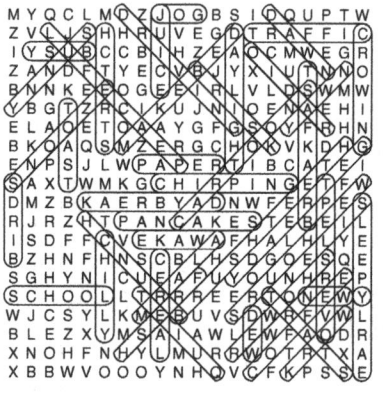

MORNING ROUTINE

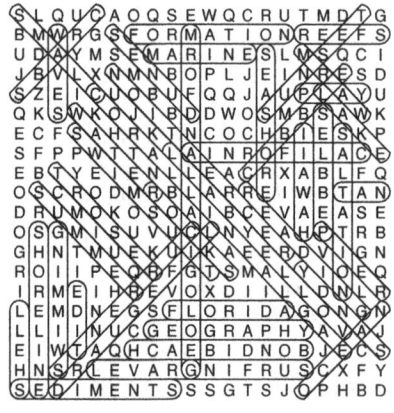

AT THE BEACH

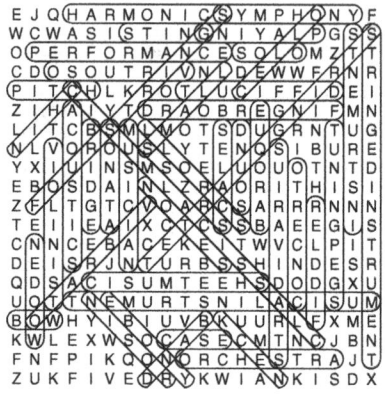

VIOLINS

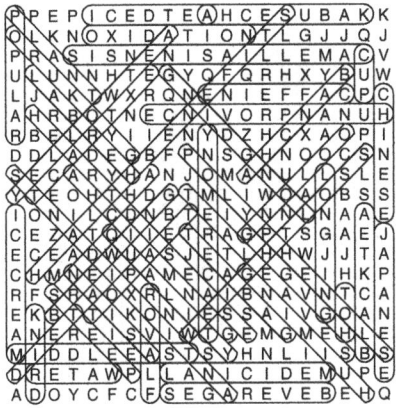

GREEN TEA

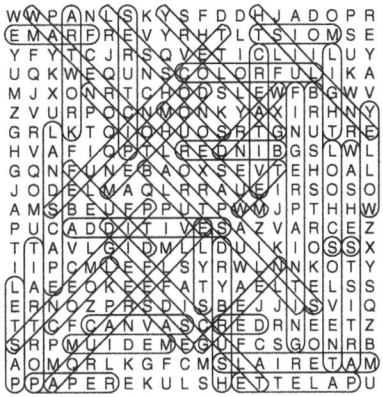

WATERCOLOR PAINTING

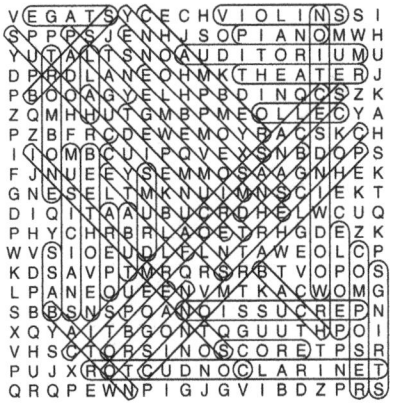

ORCHESTRAS

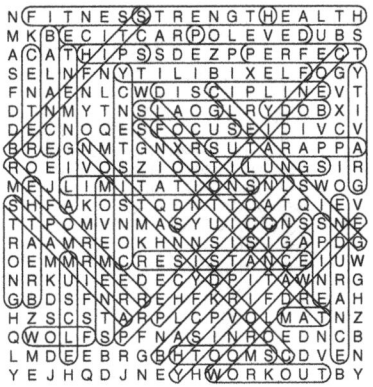

PILATES

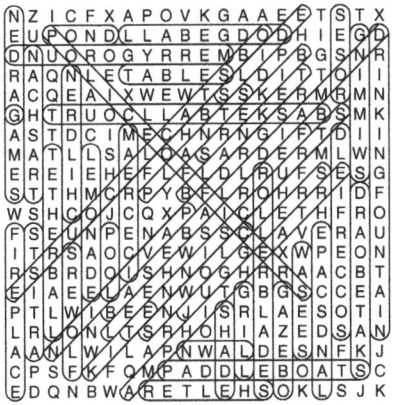

IN THE PARK

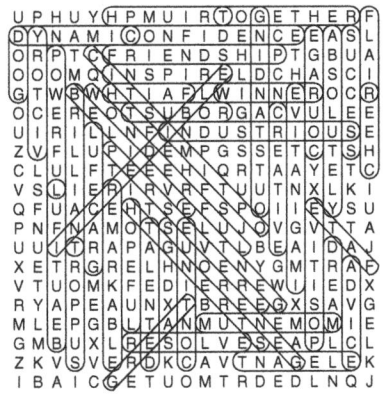

SUPPORTIVE WORDS

G U N H H I B Y E M U S C U L A R Y E S
M S A A D H Y Z S S T I F F N E S S H P
P I N A B A H Z E R P D Y O C Y D O B
J D S O C S J H L T E N S I O N U F N L
S L L T I L F D B L C F P B K L E E F S
D L L D O T Y O A E H I L G D P D O U L
L E E L A N O I T A E R C E R B N O R F
W W Y S M Z E L N N G O R O X S R S U Q
S W A T I M S S X T G I S F W N O E D F B
M M Z S T R U C T U R E D O G A L E I A
L U K I P A W U O B S U I I O V W O N C
H V S P C E O F S S N T V U C S L C G K
Z C H A I R N O I T A X A L E R T I E Y
N T C R B O C O I R A T S T R O P S R S
D O Q E Y E N A B N I I E Y U T P X S L
S U I H L A P I V C T L H Y S W O B L E
J C O T L Y V L C O H S R S S M E V X G
X H R H O G N I T T I S O M E D I C A L
G N I V O M R H A O I L S T R O K E S H
F G D C D M N L M X G X L D P V J N G M

MASSAGE

Z X Z Q W E Y P E L Y V W I H X P A M J
S B M E E S E I R O M E M C A N D L E S
M U G H S T N E M A N R O P E N C I L G
H T O L C P D B G H W Z M F U T U L Z L
C T D T L I U Q A W D N Q F H W A S Z I
R O G C O L O R F S E E V Q A B N K U A
O N N R Q K W N X X K F C E N O U O P T
C S B O K R K E P Y K E T O Y P L A N E
H M R S I O S B I O L A T A R L A I I V
E A A E R T E D O B N T R M Z A A R A O
T A C Y D E A B A I O C O K A P T O T D
J E E H I L P N M C I L S O L K C I S D
S M L S C A O A I Y T A T R C X I G O G
P A E L R I L H P G S Y E I Y W R N R N
R M T C H O M W T P A B N G R R B I G I
Z O S S K J S A G O A M C A E E A W S R
E T A E R C F S R T P L I M T A F A X T
U F U D N Y W N I E V G L U T T E R A S
V L X L N A L K J C C O S T O H H D U L
G N Q H R I B B O N S C C R P S I D U K

CRAFT PROJECTS

D S F H W L D M R Z P V D X V B I G B S
Q A D N V S L F H T R I K M G R M B J R
D X X E X H K S L A Z T W I R U X F Q H
Q F I O C G I S S L I P P E R S N S Z P
D Q V O M O E A D F K N F B L A U S A C
L C U L T U R E T O O X F R V N U R V M
S Z J C I S S A L C N S E O H S T A O D
P L Y D C I R S T H Y A D W R S X C N S
Z E S E G E R L H I U R H N E M C I S K
I D N N V D R E S S O D P H I A A E C V
O E S I X K W E H C T N N R S Z L L U V
C P V F Q W O H I T B U S I N E S S E Y
L A L E U E E T I I A W N S C P C L B F
L Y R B X A S E F C P E O A W O E I E Y
T N G A E A C N J C C O L L E G E G R E
X N L C L B E A E U S Y S E A G X H U E
T E T E M U U A O G N X I N S E R T S D
R P G J X C P G M H A S T E S S U G I E
H A L Z V G O O U L C M U X K Q Z U E U
N T K T V S R R P N P O I T A S S E L S

LOAFERS

Q B X X M R A Z P P W E X E A U U S K H
C M I E W Y B X W V I Y G K S H H G G N
I B P F A T E O L E Q G D N O H C R A M
M C B M T Y H T G N E L E V A W J E D L
W O L L E Y X G Z N O I T C A R F E R W
I M U E R T K M I G B K S E U H O N O N
N N E Q R S E S F L N I A R T T C M P F
O X I I F D Y O G Z N T P R I S M O L L
N U I J W U T G R W M U A I R K H C E O
E U U A Q O E C O O X E S I M O R P T B
M Y A P L L D B S D L N Z V M N R S S M
O F J H B C N F U W O O Z I E O I G P Y
N W R U C O H F M E V H G Y G M W P E S
E V O L O E R E F L E C T I O N R I C G
H D T M R O R X T L R U D Y C R B I T I
P D O E L C D P P W A N T N M A T O R Z
K C Y O L B A R E E I G J J T P L L U S
D D C P H O U K B L D Y P A O H B I M N
D B I S Z P I T X M C F K E W C G J Y F
D U A V E J T V J D U P E U J T M H R J

RAINBOWS